Technical Communication

テクニカルコミュニケーションへの招待

情報・知識をわかりやすく伝えるために

森口 稔 著
Moriguchi Minoru

三省堂

装丁　志岐デザイン事務所（萩原　睦）
装画　角　一葉

使用図版
　　45ページ「ペコちゃん」（株式会社不二家 提供）©FUJIYA CO., LTD.
　　172ページ「過去現在因果経断簡 全図」（東京国立博物館 所蔵）
　　　　　　©Image: TNM Image Archives
　　※許可なく複製することは著作権所有者によって禁止されています。

はじめに

　現代の科学技術は非常に細かく専門分化し、最先端の研究はすぐ隣の分野のことでも理解しがたいと言われる。その一方で、専門家の説明責任が問われ、一般人の科学技術に対する目はこれまで以上に厳しくなりつつある。また、インターネットのおかげで、幅広い知識を入手し、かつ、自らも情報を発信することが誰にでも簡単に行えるようになった。「知識の時代」という表現が現れたのは1960年代だが、インターネットによって知識の動きは加速されてきた。

　本書で紹介するテクニカルコミュニケーションは、専門的な知識や情報をわかりやすく伝えるための技術を研究・実践する分野であり、こういった知識の時代にまさに必要とされるものである。それにも関わらず、「テクニカルコミュニケーション」(以下、TC) という語は日本ではまだ一般に普及していない。『デジタル大辞泉』『広辞苑』『大辞林』などの国語辞典を引いてみても記載されていないし、日本の大学で専攻することもできない。

本書の目的と読者

　そういった現状を少しでも改善すべく、多くの方にTCを知ってもらい、社会に役立てていくことが、本書の目的である。そのためには、まず、TCの概要を整理しておかなければならない。TCの基礎である文章技術やマニュアル制作についてのノウハウを紹介する文献は、既に数多く出版されているが、ノウハウだけではなく、理論的側面、現状の記述、社会における位置づけ、歴史などを含めて包括的にTCを扱った書物は、見当たらない。本書はその先陣となることを目指している。

　上記の目的のために、本書は3種類の読者層を想定している。まず、TCのことをよくご存じない一般読者である。「テクニカルコミュニケーション」という言葉を初めて聞いた方にも、その全体像がわかり、かつ、利用できる

ように試みたつもりである。一般の方々がTCの考え方を知ってそれを自分の仕事に活かしていただくとともに、そのプロがいることを知っていただきたい。それによって、TCが社会的に認知されていくことを期待する。

次に理工系の学生とその先生方である。TCは、科学技術コミュニケーション教育と密接に関係していながらも、日本では理工系のカリキュラムには取り入れられてこなかった。専門家の説明責任が問われる現在、未来の科学技術者たちにはぜひともTCの枠組みを知っておいてもらいたい。

最後にTCの実務家である。TCを知らない方々にもわかるように書いたつもりではあるが、それがイコールTCの実務者にとって無意味というわけではない。既にTCのプロとして活動している方々の傍らに置き、新人教育の場面や、一般の人々に自らの仕事について説明する際に、理論武装のための道具としていただきたい。

本書の構成と読み方

上述のような目的を鑑み、本書は以下の章から成る。

1　TCの定義と位置づけ
2　わかりやすさのストラテジー
3　言語表現の周辺
4　TCの現場
5　TCと専門用語
6　専門家としてのテクニカルコミュニケーター
7　TCの歴史と未来

1章では、意図、感情、チャンネル、双方向性などの要素からコミュニケーションを分類し、その中でTCの立ち位置を明確にするとともに、関連団体等におけるTCの定義を参考にして、TCを再定義する。2章では、受信者分析（audience analysis）に基づき、わかりやすい文章を書くための基礎とな

る考え方を述べる。3章では、情報収集、言語知識、暗黙知など、言語表現のわかりやすさと間接的に関係する事項について紹介する。4章では、2章で紹介したようなわかりやすさのストラテジーがあるにもかかわらず、なぜマニュアルがわかりにくいと言われるのか、体験談を含めてTCの現場を披露するとともに、ユーザーインターフェイスや他部門等への応用についても言及する。5章では、TCにとっての専門用語学の必要性から入り、その内容を解説する。6章では、専門家とは何か、テクニカルコミュニケーターは専門家と言えるのかという疑問について考察する。7章では、日本歴史におけるTC的事例を拾って紹介した後、TCの今後の可能性を考える。

読み方としては、まず1章と2章を読んでTCの定義とストラテジーを知っておいてもらいたい。その後は、どの章に飛んでも分かっていただけると思う。章や節によってはTCとほとんど関係がない分野から話を始めることもあるかもしれないが、それも読み進めていけば、山の小さな湧き水がいつかは川となって海に注ぎ込むようにTCに繋がっていくことがわかるはずである。それぞれの章で関連する分野を挙げれば、1章はコミュニケーション学、2章と3章は認知科学、3章と5章は言語学、4章と6章はビジネス、7章は歴史と科学技術論が参考となる。また、章によって文体が異なる点もお断りしておきたい。ある章では堅苦しい文体である一方、別の章では砕けた調子で話を進めることになる。これもTCの幅の広さの現れと考えて頂ければ幸いである。

お断りしておきたいのは、本書で言及していないテーマである。TCの全体像を整理して、実務家の理論武装に役立てることを目的の一つに挙げていながらも、次の2点については取り上げていない。一つは、TCのためのツールである。XML等のマークアップ言語、レイアウトや画像の編集ソフトなどの技術はTCのツールとして非常に重要だが、本書では取り上げていない。その最大の理由は、正直に言えば、筆者にその知識がないためである。ただ、それだけではなく、TCを一般の方々に紹介するという最大の目的のためには若干そぐわないと判断した。ツールについては既に多くの書物が出版

されているし、技術の変遷の速度を考えても、概論である本書で言及する必要はないと思われる。もう一つの取り上げていないテーマは、TC 部門やプロジェクトの管理である。TC 実務の管理も当然、TC の一環ではあるが、「管理」という切り口についても既に様々な書籍がある。また、TC に関連する管理を突き詰めていけば製造業全体のあり方にも関連し、それ自体、壮大で興味深いテーマでもあるので、筆者の今後の仕事と考えたい。TC のノウハウ的な知識の記述についても、言及はしたが最小限に留めている点を付け加えておく。

コラム、参考文献、付録

ところどころに雑談的なコラムを入れている。TC と直接の関連はないが、そこで話題にしているトピックから派生して筆者の経験や感想を述べている。いわば「箸休め」のようなものである。

参考文献は各章の最後に記載した。本文の中では、その参考文献の執筆者名と発行された年号の組合せ、たとえば、森口 (2008) のような形でその文献を指している。学術関係の文献では一般的だが、もしご存じない読者がいらっしゃれば、これを機に慣れておくのも良いだろう。また、引用した場合には、できる限りページも記している。

付録には、さらに知識を広げたいと思われる読者のために、本文で言及しなかった言語コミュニケーション関連の書籍紹介を加えた。参考として、やや独断的な一口書評も付けている。

筆者自身について

通常、書籍の筆者紹介は本文の後やカバーの見返しについているが、本書でははじめに自己紹介しておきたい。その理由は、本書の内容、つまり、TC が複数の分野に関連しており、かつ、理論だけでなく実践と不可分の関係にあるためである。

筆者の現在の専門は TC と辞書学である。高校時代はいわゆる理系だった

が、大学では日本美術史を勉強し、修士課程は米国で TC を専攻し、博士課程は日本語学の研究室に在籍した。TC 実務は、大手メーカーでパソコンおよび周辺機器・周辺ソフトの取扱説明書を英語や日本語で書いたし、フリーランスライターとして英語や日本語の文書を作成したこともある。また、辞書については、機械翻訳用の専門用語辞書の作成から始まり、英和辞典・和英辞典・国語辞典の執筆にも参加した。他の職歴としては、高校と大学の英語教師、英文雑誌記者、機械翻訳システムの営業と開発などがある。さらに、日本コミュニケーション学会・関西支部長、テクニカルコミュニケーター協会・評議員、テクニカルライターの会・企画運営委員なども務めさせていただいた。

　本書の内容は、筆者自身のこういった経験や知識に基づいていると考えていただければ幸いである。

謝辞

　筆者が上記の経験を蓄積するまでに、非常に多くの方々の御世話になった。遡れば、留学先の大学院での恩師に始まり、メーカーに勤務していた頃、毎年の TC シンポジウムへの出張を許可していただいた上司、共に TC の仕事をしてきたビジネスパートナー、シンポジウムや研究会で議論した人々など、数えきれない。中でも、株式会社テックコミュニケーションズ・代表取締役社長の友久国雄氏や同社の田中直毅氏を始めとする方々、筑波大学図書館情報メディア系の三波千穂美氏、株式会社ハーティネスの高橋慈子氏は、粗削りの状態の原稿に目を通しコメントを下さった。改めてお礼を申し上げます。また、本書の出版の機会を頂いた三省堂の山本康一氏にも、心から感謝の意を表したいと思います。ありがとうございました。

　本書の目的は、TC の全体像を整理し紹介することだが、当然のことながら、これはあくまで筆者自身の意見であり、他の TC 関係者が、その主張すべてに賛同してくださるわけではないだろう。ただ、仕事や勉学の中で、TC についての疑問に出会ったとき、本書の内容に立ち返って考え、それをヒン

トにしていただければ良い。そのために、まずは読み始めて、読了後は読者なりのテクニカルコミュニケーション像を形作っていただきたいと思う。

目次

はじめに
- 本書の目的と読者 ... 3
- 本書の構成と読み方 ... 4
- コラム、参考文献、付録 ... 6
- 筆者自身について ... 6
- 謝辞 ... 7

1 TC の定義と位置づけ
1.1 大学および関連団体による TC の定義 ... 15
- 1.1.1 米国の大学における TC 教育 ... 15
- 1.1.2 米国および日本における TC 関連団体 ... 17
- 1.1.3 本書における TC の定義 ... 20

1.2 TC の位置づけ ... 21
- 1.2.1 コミュニケーションとしての TC ... 21
- 1.2.2 コミュニケーションの要素 ... 24
- 1.2.3 コミュニケーション素性の詳細 ... 26
- 1.2.4 様々なコミュニケーション ... 30
- 1.2.5 コミュニケーション素性から見た TC の特徴 ... 34

2 わかりやすさのストラテジー
2.1 「わかる」とは？ ... 38
2.2 人間の認知能力と受信者の分析 ... 41
2.3 情報・知識を伝える相手を知る ～ 受信者の分析 ... 43
- 2.3.1 Audience analysis という用語と内容 ... 43
- 2.3.2 「情報」と「知識」 ... 44

- 2.3.3 受信者の目的 …… 46
- 2.3.4 受信者の持っている情報と知識 …… 48
- 2.3.5 受信者の環境 …… 48
- 2.3.6 受信者の権限 …… 49
- 2.3.7 受信者と発信者の社会的関係 …… 49
- 2.3.8 受信者分析の例 …… 51

2.4 伝えるべき内容と順番を考える …… 53
- 2.4.1 伝えるべき情報・知識を取捨選択する …… 53
- 2.4.2 全体像を最初に見せる …… 53
- 2.4.3 全体を分割し配置する …… 54

2.5 伝えるべき内容を表現する …… 55
- 2.5.1 受信者が知っている表現を使う …… 55
- 2.5.2 長い要素(文、段落)を避ける …… 55
- 2.5.3 明確な表現を使う …… 57
- 2.5.4 流れを止めない …… 58
- 2.5.5 見やすさ・聞きやすさを考える …… 62

3 言語表現の周辺

3.1 情報・知識の収集 …… 64

3.2 言語の理論について …… 67
- 3.2.1 言語の理論の必要性 …… 67
- 3.2.2 言語研究の見取り図 …… 67
- 3.2.3 日本語の助詞 …… 73
- 3.2.4 言語学のスタンス …… 76

3.3 正しさとわかりやすさ …… 77
- 3.3.1 正しい言葉とは何か …… 77
- 3.3.2 「正しさ」と「わかりやすさ」の独立性 …… 79
- 3.3.3 わかりやすさに影響する要素 …… 80

3.4 比喩について …… 81
- 3.4.1 なぜ比喩なのか …… 81

	3.4.2	比喩の種類	81
	3.4.3	説明のための比喩	82
	3.4.4	概念メタファー	82
3.5		伝えられない情報・知識	84

4 TCの現場

4.1 TCの理想とマニュアルの現実 ……88
- 4.1.1 なぜマニュアルはわかりにくいと言われるのか ……88
- 4.1.2 情報・知識を伝える相手を知る vs 誰にでも使ってもらいたい ……89
- 4.1.3 伝えるべき情報・知識を取捨選択する vs 持っている機能はすべて詳細に ……89
- 4.1.4 全体像を最初に見せる vs まずは、PL関係の情報を ……90
- 4.1.5 全体を分割し配置する vs 新機能を目立たせて ……91
- 4.1.6 受信者が知っている表現を使う vs 機能名を付けるのは商品企画担当者か技術者 ……91
- 4.1.7 複数の解釈ができる表現を避ける vs 1つの用語で複数の意味 ……91
- 4.1.8 見やすさ・聞きやすさを考える vs 見た目に楽しく ……92
- 4.1.9 テクニカルコミュニケーターの持ち時間 ……93
- 4.1.10 製品自体のわかりにくさ ……93
- 4.1.11 TCの社会的認知度の低さ ……94

4.2 マニュアルからインターフェイスへ ……95
- 4.2.1 ユーザーインターフェイスとは ……95
- 4.2.2 ユーザーインターフェイスの3つの側面 ……96
- 4.2.3 商品の役割とUI ……98
- 4.2.4 技術者の考えるUI ……99
- 4.2.5 「人間」というUIのメリット ……99
- 4.2.6 人工知能UIの問題点 ……101
- 4.2.7 デザイナーの問題 ……104
- 4.2.8 テクニカルコミュニケーターの関わり ……106

4.3 他部門でのTC ……107

4.3.1 TCの応用 ... 107
4.3.2 技術者への伝達 ... 107
4.3.3 営業担当者のTC ... 108
4.4 英語によるテクニカルコミュニケーション ... 110
4.4.1 英語TCと日本語TC ... 110
4.4.2 英文テクニカルライティングと日本語の論理性 ... 110

5 TCと専門用語
5.1 用語学の紹介と必要性 ... 115
5.1.1 用語学とは何か ... 115
5.1.2 これまでの用語研究 ... 116
5.1.3 TCにとっての用語学の必要性 ... 117
5.2 一般語と専門用語 ... 118
5.2.1 一般語と専門用語の区別 ... 118
5.2.2 専門用語の特徴 ... 123
5.3 専門用語の問題点 ... 125
5.3.1 専門用語のわかりにくさ ... 125
5.3.2 マニュアルにおける状況 ... 126
5.3.3 認知性の問題 ... 128
5.3.4 表意性の問題 ... 130
5.3.5 示差性の問題 ... 131
5.4 用語の策定と定義 ... 133
5.4.1 策定の方法 ... 133
5.4.2 定義の方法 ... 134
5.5 用語の管理と翻訳 ... 137
5.5.1 用語集と辞書学 ... 137
5.5.2 翻訳の問題 ... 138
5.5.3 専門用語の規格と公的な動き ... 140
5.5.4 一般的なコミュニケーションと専門用語 ... 142

6 専門家としてのテクニカルコミュニケーター

- 6.1 専門家とは何か ... 146
  - 6.1.1 専門家の条件 ... 146
  - 6.1.2 様々な職業の専門家性 ... 148
- 6.2 専門家の条件とTC ... 153
  - 6.2.1 社会的必要性 ... 153
  - 6.2.2 特定分野の知識と技能 ... 156
  - 6.2.3 教育訓練と法的資格 ... 158
  - 6.2.4 社会的評価と収入 ... 161
  - 6.2.5 決定権 ... 163
- 6.3 専門家としてのテクニカルコミュニケーター ... 165
  - 6.3.1 専門家の条件への疑問 ... 165
  - 6.3.2 TCの広報活動 ... 166

7 TCの歴史と未来

- 7.1 日本テクニカルコミュニケーション小史 ... 170
  - 7.1.1 日本文化の特質とTC ... 171
  - 7.1.2 仏教とTC ... 173
  - 7.1.3 医療とTC ... 174
  - 7.1.4 軍事技術とTC ... 176
  - 7.1.5 日本TC史研究の課題 ... 179
  - 7.1.6 科学と技術 ... 181
  - 7.1.7 テクニカルコミュニケーターの歴史 ... 182
- 7.2 TCの未来 ... 183
  - 7.2.1 テクニカルコミュニケーターの3つの可能性 ... 183
  - 7.2.2 ツールの専門家 ... 184
  - 7.2.3 コンテンツ専門家への融合 ... 188
  - 7.2.4 伝える技術の教育 ... 192

付録

付録1 名詞の割合に関する実験 ……197
付録2 専門用語辞書・専門用語集 ……199
付録3 鉄放薬方並調合次第 ……203
付録4 言語学とコミュニケーション関連の文献 ……204
　言語学一般 ……204
　心理と言語 ……205
　日本語 ……206
　辞書と専門用語 ……208
　コミュニケーション ……209

索引 ……211

1 TCの定義と位置づけ

「テクニカルコミュニケーション」という言葉は、まだ国語辞典には載っていない。その全体像を俯瞰することが本書の目的の一つだが、それにあたり、本章では「テクニカルコミュニケーション」(TC)の定義を明確にする。次に、TCもコミュニケーションの一つと考え、コミュニケーション全体の中での位置づけを明確にする。

1.1 大学および関連団体によるTCの定義

1.1.1 米国の大学におけるTC教育

日本にはまだテクニカルコミュニケーションに関する概説書はないし、それを専攻できる大学もない。近年ようやくTCに関連する授業を提供する大学が出てきたし、TC専門カリキュラム作成を検討する動きもあるが、まだTC専攻コースができるには至っていない。そこで、TCの概念を知っていただくために、まず米国の大学におけるTCについて紹介する。

筆者は米国の大学院でTCを学んだが、その際に使用した教科書(Barnum & Carliner, 1993)の定義を紹介しよう。

> Technical communication is the process of translating what an expert knows for an audience with a need to know.
> テクニカルコミュニケーションとは、専門家が知っていることを、知る必要のある聴衆のために翻訳するプロセスである。

既に20年ほど前の定義ではあるが、TCの本質はこの定義で言い表されている。専門的な知識を非専門家にもわかるような形にして提示することが、現在でも、TCの大枠となる。

その各論として、TCを構成する要素について、当時の大学院の授業科目の例を以下に挙げる[1]。

 Document Design（文書設計）
 Instructional Design（指示の設計）
 Technical Editing（技術文書の編集）
 Foundations of Graphic Communication（グラフィックコミュニケーションの基礎）
 Multimedia（マルチメディア）
 Usability Testing（ユーザビリティテスト[2]）
 Rhetoric：History, Theory, and Practice（修辞学：歴史と理論と実践）

現在、同大学のホームページを見ると、以下のような科目も履修できることが分かる。
(http://www.spsu.edu/etcma/grad/current/courses/electives.htm、2013年5月27日現在)

 Global Communication Strategies（グローバルコミュニケーション戦略）
 Professional Oral Presentations（口頭発表・上級）
 Medical Communication（医療コミュニケーション）
 Website Design（ウェブデザイン）

---

[1] 筆者が大学院を修了した1995年時点では、大学名がSouthern College of Technologyで、取得した修士号は、Master of Science in Technical & Professional Communicationとなっていた。2012年現在、大学は規模が大きくなりSouthern Polytechnic State Universityと名称が変わっているとともに、大学院のコースもInformation Design & CommunicationとInformation & Instructional Designの二つを設けている。
[2] テストユーザーに具体的なタスクを与えて、実際に実行してもらい、どこでつまずくかを見ることによって、製品やマニュアルを改善していく手法。

Marketing Communication（マーケティングコミュニケーション）

User Documentation（ユーザー向け文書）

Video Production（ビデオ制作）

etc.

ここでは1つの大学を例に出したが、他大学でも大きくは変わらないだろう。つまり、米国の大学では、TCは、文書の設計思想から始めて、テキスト、音声、グラフィックなどの使い方、医療やマーケティングなど専門分野のコミュニケーション、さらに修辞学の歴史や理論まで含んだ分野と考えられていることになる。

1.1.2 米国および日本におけるTC関連団体

次に、関連団体がTCをどのように定義しているかを見ておこう。

米国には、Society for Technical Communication（STC）とAssociation of Teachers of Technical Writing（ATTW）の2つの団体がある。STCは、TC関係としては世界最大の会員数を誇り、メーカー勤務者、フリーランステクニカルライター、大学の研究者など様々な人々が参加しており、日本にも支部がある。そのホームページでは、TCを次のように定義している。(http://www.stc.org/about-stc/the-profession-all-about-technical-communication/defining-tc、2013年5月27日現在)

> Technical communication is a broad field and includes any form of communication that exhibits one or more of the following characteristics:
> - Communicating about technical or specialized topics, such as computer applications, medical procedures, or environmental regulations.
> - Communicating by using technology, such as web pages, help

> files, or social media sites.
> - Providing instructions about how to do something, regardless of how technical the task is or even if technology is used to create or distribute that communication.

TCは幅広い領域であり、次の特徴のうち1つでも当てはまるものがあれば、そのコミュニケーションはTCである。
- コンピューターソフトや医療手続や環境規制などについての技術的・専門的なトピックについて伝える。
- ウェブページ、ヘルプファイル、ソーシャルメディアサイトなどの技術を使って伝える
- どのぐらい技術的であるかに関係なく、また、そのコミュニケーションの内容を作成したり、配信したりする際に、技術が使われているかどうかに関わらず、何かをする方法についての指示説明を供給する。

一方、日本のSTC東京支部では、TCの定義として以下が掲げられている。(http://www.stc-tokyo.org/01_about_stc/、2013年5月27日現在)

> TCとは技術情報伝達に関わる広範な活動を意味します。たとえば、マニュアルの設計、テクニカルライティング、翻訳、グラフィックデザイン、印刷・製本など、およびこれに関するマネジメントや教育などが含まれます。

また、日本には、STCとは別に一般財団法人テクニカルコミュニケーター協会(以下、TC協会)があり、そのホームページには、TCの専門家であるテクニカルコミュニケーターの定義と職域が掲載されている。
(http://www.jtca.org/about_jtca/tc_comunicator.html、2013年5月27日現在)

テクニカルコミュニケーターは、さまざまな職域で多様な業務に従事しています。TC協会では、取扱情報の多様化に応じて、新たなTC技術の体系化を目指しています。

テクニカルコミュニケーターの職域
テクニカルコミュニケーターは、上に述べたように多彩な取扱情報の発信に携わる専門家です。現在までに、JTCA[3]の活動には、次に掲げるような多様な職種の個人および法人が参画しています。

取扱情報を企画し、制作を統括するディレクター
わかりやすい説明文を書き起こすテクニカルライター
イラストや概念図などを作成するテクニカルイラストレーター
海外向けの取扱情報に携わる翻訳者およびローカライゼーション担当者
情報の適切な配置を決め、使いやすさを向上するデザイナー
ユーザビリティ設計および開発の担当者
認知科学、心理学、デザインなどの研究者、教育者

　TC協会では、毎年、「テクニカルコミュニケーションシンポジウム」（以下、TCシンポ）を開催し[4]、企業の実務担当者を中心に各企業のTCに関する取り組みや研究を紹介している。一例として、2010年のTCシンポの発表例を挙げると以下のような発表がある。

　　「3か所？3ヶ所？助数詞の「ka」を正しく表記していますか？」

3　テクニカルコミュニケーター協会の英語名、Japan Technical Communicators Associationの略称。
4　東京では1989年から、大阪では1999年から開催。2011年は東日本大震災のために変則的な開催。

「大学におけるTC教育事例と課題〜制作現場における教育の観点から〜」
「読みやすく、わかりやすい文字を認知科学的に分析」
「品質向上を目的にした日中翻訳ガイドラインの開発」
「TC技術と人間中心設計アプローチ」
「日本語書き言葉の公共性について〜取扱説明書分析による事例報告〜」
「TCビジネスの今後の可能性について」
「ペルソナのユースケースに基づいたマニュアル制作事例」

マニュアルの表記や制作、翻訳、人材教育、ユーザーインターフェイスなど多岐に渡る分野の発表が行われている。

ちなみに、森口(2008)では、1998年から2007年までのTCシンポでの発表論文234本について分析したが、その結果、84本が紙のマニュアルに、52本が制作ツールに、48本が電子マニュアルに、47本がTCの工程管理に言及していることがわかった。

1.1.3 本書におけるTCの定義

上記の点をまとめると、一つの傾向として、米国では、医療やビジネスなども含めて、広範囲にTCを考えているのに比べ、日本ではどちらかというと製造業に特化した形で捉えられているということがわかる。本書では、製造業でのTCを中心に据えながら、TC先進国である米国に倣って、専門的な知識や情報全般を対象とする広義のTCにも触れていきたい。

専門的な情報や知識は、通常、専門外の人間には理解が難しいため、それを伝えるためには「わかりやすく」加工することが求められる。つまり、TCはその性格上、「わかりやすさ」を基本とせざるをえない。米国の大学や日米関連団体の定義に、この「わかりやすさ」というキーワードを加味した形で、本書ではTCを以下のように再定義する。また、TCの実務としては、取扱説

明書や業務手順書などを含むマニュアル制作を中心に取り上げ、筆者自身の仕事の一環である産業翻訳にも言及する。

TCとは、受信者の知らない技術的・専門的な情報や知識を、グラフィック・テキスト・音声などを通し、わかりやすく伝える技術を指す。その基礎は古代ギリシアの修辞学にまでさかのぼるが、現代の科学技術にも幅広く応用可能であり、取扱説明書、ユーザーインターフェイス、産業翻訳などの実務はその代表と言える。

1.2 TCの位置づけ

1.2.1 コミュニケーションとしてのTC

　TCもコミュニケーションの一つである。我々は何の気なしに「コミュニケーション」という言葉を使い、「コミュニケーション不足」や「コミュニケーション能力」を云々し、「コミュニケーションが大切だ」と考える。では、改めて「コミュニケーションとは何か」と問われたとき、多くの人の答えは異なる。TCのコミュニケーションの中での位置づけを知るためには、まず、コミュニケーション自体を定義する必要がある。

　本節では、いくつかのコミュニケーションの定義を概観し、そこから、コミュニケーションの要素を洗い出し、コミュニケーションを分類した上で、TCの位置づけを明確にする。

　試みに電子辞書に搭載されている『デジタル大辞泉』を引くと次のような語義説明がある。

(1) 社会生活を営む人間が互いに意思や感情、思考を伝達し合うこと。言語・文字・身振りなどを媒介として行われる。
(2) 動物どうしの間で行われる、身振りや音声などによる情報伝達。
◆「コミュニケーション」は、情報の伝達、連絡、通信の意だけではな

く、意思の疎通、心の通い合いという意でも使われる。「親子のコミュニケーションを取る」は親が子に一方的に話すのではなく、親子が互いに理解し合うことであろうし、「夫婦のコミュニケーションがない」という場合は、会話が成り立たない、気持ちが通わない関係をいうのであろう。

　この定義だけで既に、単なる「情報伝達」から、「感情や思考を伝え合うこと」、さらには、「気持ちが通い合う関係」にまで、コミュニケーションの定義は広がっている。実際、林(1988)によると、「ある学者はコミュニケーションの定義を95例も挙げ、さらに他の学者は160例も挙げている」らしい(p.1)。こういった多様なコミュニケーションの定義を、岡部(1993)は次の4つの類型に分類している(pp.56-58)。

> 相互作用過程説
> 　コミュニケーションとは、他者を理解し、かつ他者からも理解されようとする過程で、状況全体の動きに応じて、ダイナミックで、常に変化する動的なものである
> 刺激—反応説
> 　コミュニケーションとは、送り手としての個人が、受け手としての他者の行動を変容させるために、意図的に刺激(通常は言語的記号)を伝達する過程である
> 意味付与説
> 　コミュニケーションとは、記号を選択・創出・伝達することによって、伝達者と同じ意味を受け手が知覚できるようにする過程である
> レトリック(修辞)説
> 　コミュニケーションとは、ある特定の状況(場面)のもとで、個人(行為者)がメディア(手段)を選択したうえでシンボルを駆使して(行為)、意図されたある特定の目的を達成するために(目的)する行動

である

　このうち、相互作用過程説は人間関係にまで踏み込むものと捉えており本書ではこの考え方は取らない。刺激—反応説は意図的な刺激の伝達のみをコミュニケーションとしているが、本書では後述するように、無意識なコミュニケーションも成立すると考える。その意味で、意味付与説は無意識的なコミュニケーションを認めており本書の立場に近い。レトリック説も、やはり無意識的なコミュニケーションを含まないが、場面、行為者、メディア、目的など、コミュニケーションの要素については、取り入れたい。
　一方、八島(2004)は、Martin&Nakayama(2000)が紹介するコミュニケーションの特徴を6つ挙げている(p.5)。

(1) Communication is a symbolic process.
　　コミュニケーションは象徴的プロセスである。
(2) Communication is a process involving several components.
　　コミュニケーションには(中略)いくつかの構成要素がある。
(3) Communication involves sharing and negotiating of meaning.
　　コミュニケーションは意味を共有することであり、理解し合おうとするとき人間は意味を交渉する。
(4) Communication is dynamic.
　　コミュニケーションは動的なものであり、常に変化する。
(5) Communication does not have to be intentional.
　　意図しなくてもコミュニケーションは起こる。
(6) Communication is receiver-oriented.
　　コミュニケーションに結果を決めるのは意味を付与する人である。

意味付与説とこの6つの特徴をまとめて、本書ではコミュニケーションを

以下のように考えることとする。

> コミュニケーションとは、意図、メディア、シンボル、目的などの要素を持ち、行為者がある場面において、意味を発信することである。それは、意識的にも無意識的にも起こる可能性を持ち、その意味を決めるのは、コミュニケーションの受け手である。

1.2.2 コミュニケーションの要素

コミュニケーションにおける TC の立ち位置を明確にするために、ここではまず、コミュニケーションの要素を整理しておく。

八島(2004)が紹介する Martin&Nakayama(2000)のコミュニケーション要素は以下であるが、それを筆者なりに解釈し、アレンジして利用する。

(a) コミュニケーションを行う人
(b) 言語・非言語メッセージ
(c) チャンネル
(d) コンテキスト

(a)は、コミュニケーションの受信者と発信者と考える。意味付与説では「伝達者」と「受け手」、レトリック説では「行為者」という用語を使っているが、本書では「受信者」と「発信者」という用語を使う。

(b)は、意味付与説の「記号」、レトリック説の「シンボル」に相当する。非言語メッセージとは、顔の表情、仕草、身振り手振り、姿勢などを指す。我々は、言語を使いながら、非言語メッセージも併用することもあるので、本書での要素としては、言語と非言語を並立させる。

(c)のチャンネルとは、レトリック説の「メディア(手段)」である(「チャンネル」という用語は、後述のように「言語チャンネル」などにも使うので、ここでは「メディア」とする)。どのメディアを使うかはコミュニケーションに

よって多種多様であり、その種類によってだけでもコミュニケーションの分類は可能かもしれない。しかし、そのためにはメディアそのものをかなり厳密に分類する必要があり煩雑となるし、現実的にはメディアの選択は、言語および非言語の要素に依存している。そのため、ここではコミュニケーションの要素としてのメディアは割愛する。

(d)のコンテキストは日本語では「文脈」と訳されることが多いが、絞り込んで考えれば、結局、レトリック説のいう「目的」となる。本書ではこの目的をさらに分割する。目的の背後には、そのコミュニケーション行為の意図が存在する。また、目的が何らかの感情を伝えることを含むか、または、感情を排除しているかという観点も存在する。

このように考えると、コミュニケーションの分類という観点からは、次のような要素を考えることができる。

発信者・受信者
言語メッセージ
非言語メッセージ
意図
感情伝達

さらに、上述したコミュニケーションの定義には、受信者が特定できるかどうか、一方向か双方向か、伝達の内容は受信者の知っていることかどうか、という観点が入っていない。本書では、これらを含め、順序も若干変更し、以下の7つの要素を考える。また、言語・非言語の観点に「チャンネル」という用語を使用する。これらはすべて二極化されていて、あるコミュニケーションがそれらの要素を持っているかどうかによって分類することができる。

意図
感情伝達（交感性）

言語チャンネル
　　非言語チャンネル
　　受信者特定
　　双方向
　　内容既知

　これらの要素を本書では「コミュニケーション素性」という用語を使って呼び、それぞれの素性は、＋または－の値を取る。その素性の値の組合せによってコミュニケーションを分類する。ただし、意図以外の素性は＋と－の間に明確な境界線は引きにくく、連続的であると考えておく。

1.2.3 コミュニケーション素性の詳細

　以下、それぞれの素性の詳細を解説する。

意図

　前述の岡部（1993）によると、意図的伝達のみをコミュニケーションとする考え方と、無意識な伝達もコミュニケーションとする考え方があるが（p.56）、本書では後者を取り、意図をコミュニケーションの要素の一つとする。この立場に立てば、無意識な仕草も一つのコミュニケーションとなる。

　話をしながら胸の前で腕を組むのは相手の言うことに疑いを持っている証拠、相手と目を合わさず視線が定まらない場合は嘘をついている証拠、女性が男性と話すときに髪をいじったらその男性に好意を持っている証拠、などというのは、意図せずに情報を伝達していることになる。対人コミュニケーションの場合、言語が全体の情報の7％しか伝えていないというのはよく聞く話であるが（たとえば、植村2000：p.72）、それはこういった意図しない仕草等を含めた場合のことだろう。

　逆に、伝える意図を持っているにも関わらず、コミュニケーションが成り立っていないことも多い。上司や教師や親の小言は、その内容を受け取るよ

りも、頭の上を通り過ぎていくのを待つばかりであったり、人の話を上の空で聞いたり、授業中に居眠りをしたりという場合もある。話している側にすれば、一所懸命に何かを伝えようとしているわけだが、コミュニケーションは成立していない。

感情伝達（交感性）

　情報や知識に加えて、感情を伝えるかどうかという点である。感情伝達性が＋となる典型的な例は男女の愛の告白や葬式のお悔みだが、主婦の井戸端会議なども含まれる。井戸端会議は、お互いの人間関係を深めるために情報や知識を伝達することはあっても、それ自体が目的ではない。どこのスーパーの刺身が安いだの、寿司屋の息子は国立大学に入ったが留年しただのという噂はその情報自体に価値があるのではなく、その情報を伝達し合うことによって、感情を共有しようとしているわけである。同じことは、ネット上のチャットや高校生の携帯メールにも言えるし、既に死語となった感がある「飲みニケーション」もそうだろう。素面では言いにくいことを酒の席でざっくばらんに伝えたり、技術的な知識を交換したりすることがあったとしても、飲みニケーションの最大の目的は親睦、つまり感情の共有であり、情報や知識の共有が第一の目的ではない。

　また、悲しくて不意に涙が出てくるような場面があったとしたら、そのコミュニケーションは、意図的なものではなくとも（意図－）、感情を伝達している（感情伝達＋）ことになる。

言語チャンネル

　本書では、話し言葉、書き言葉、触れ言葉、数式を言語とする。触れ言葉とは、筆者の造語で、触覚を通した言語を指し、代表的なものとしては点字がある。ほかにもヘレンケラーがサリバン先生から学んだ方法や視聴覚に障害を持つ東大教授・福島智氏の母親が編み出した指点字（光成2003）などもこれに入るだろう。また、手話は手「話」というほどであり、書き言葉よりは話

し言葉に近いとされているので、話し言葉の一つと考える。

　また、言語学においては、声の大きさや抑揚なども非言語的要素として、純粋の言語から切り離して考えるが、ここでは、それらを言語に付随するものとして、言語チャンネルに含める。

非言語チャンネル

　視覚・聴覚・触覚・味覚・嗅覚のいわゆる五感に温度感覚を加えた6種類である。言語とは切り離して、これらの6種類のチャンネルを使っているかどうかの素性である。グラフィックは視覚的な非言語チャンネルの代表であり、都市ガスの臭いは、嗅覚チャンネルを使用しているし、バーチャルリアリティならば、味覚以外のすべてを使うこともできるだろう。視覚・聴覚・触覚は言語コミュニケーションでも使用されるが、味覚・嗅覚・温度感覚は使用されない。

受信者特定

　発信者から見てコミュニケーションの相手を特定できるか否かという素性である。相手が一人の場合、特定少数の場合、特定多数の場合、不特定多数の場合、不明の場合などが考えられる。ただし、少数の場合は個人を特定できるが、特定多数と不特定多数の線引きは難しい。「パソコンの初心者」や「中学生程度の英文法を知っている人」のように受信者の属性や能力を明確に定義できる場合は特定多数と言ってよいだろう。意図的でないコミュニケーションが受信者を特定できないのは当然であることも付け加えておく。

双方向

　極言すれば、すべてのコミュニケーションは双方向であると言ってよい。それを一方向であると考えるかどうかは、発信者の意識や時間の幅のとり方による。ここでは、ほとんど瞬時に、受信者が返信をし、それに対して、最初の発信者も即座に回答をすることができる場合、もしくは、それらが期待さ

れている場合を双方向のコミュニケーションと定義しておく。

　逆に、発信者が即座の応答を必ずしも期待しない場合は双方向とはしない。たとえば、小説を読んでいて感じた疑問をすぐにメールなり封書で作者に書き送ることはできるが、それに対する回答は時間を置かなければならない。その意味で、当たり前ではあるが、小説を読む行為は双方向のコミュニケーションではない。また、プレゼンテーションは、時間の幅を長くとって、質疑応答まで含めれば双方向であるが、プレゼンテーションの実施中に受信者が受け取った情報や知識に関してその場で質問やコメントをすることは、通常、行わない。そのために、プレゼンテーションは一方向と考える。さらに、中高生の携帯メールは短時間で返信をもらうことを前提に発信しているので双方向だが、同じメールでもメールマガジンなどは一方向となる。

内容既知

　コミュニケーションの始まる前に、受信者が既に伝達される内容を知っているかどうかという素性である。通常はその内容を知らないからこそ伝えるのだが、まれに、受信者が既知の内容を伝えるコミュニケーションもある。たとえば、学生がテストの答案を書く場合、そのコミュニケーションの受信者である教師は、当然のことながら、伝達されるべき内容をあらかじめ知っている。また、会議後の議事録案の作成なども、基本的には受信者が知っている内容を伝達することになる。井戸端会議などもお互いに既知の内容を確かめ合うことで盛り上がるのかもしれない。

　前節で挙げたコミュニケーションの定義の中には、人間以外の相手とのコミュニケーションも含まれている。たとえば、コンピューターのプログラミングは人間から機械に対するコミュニケーションだし、ペットとのコミュニケーションは日常生活の一部であろうし、最近では植物とのコミュニケーションも話題に上る。しかし、本書ではいたずらに議論を広げることが目的ではないので、ここでは割愛する。ただし、機械から人間に対してのコミュ

ニケーションは、受信者が人間であるために考察の対象とする。たとえば、間違った方法で機械を使ったときに警告音やエラーメッセージを出したとすれば、それは、機械から人間へのコミュニケーションと言える。

1.2.4 様々なコミュニケーション

　コミュニケーション素性の考え方によって様々なコミュニケーションを分析したのが、右の表である。その中のいくつかの例を拾ってみよう。

　まず、プレゼンテーションとスピーチである。どちらも大勢の人の前で話すことだが、素性は若干異なり、そのもっとも大きな違いは感情伝達性と言える。プレゼンテーションは、それが商品の宣伝であれ、学会での発表であれ、自分の気持ちを伝える目的はない。商品の品質や価格、あるいは、研究した内容を伝えることが目的となる。聴衆はその内容は知らないので、商品の名前や研究内容に関するタイトルが必要である。また、実物を見せたり、表やグラフを使ったりと非言語チャンネルを駆使することも多い。

　スピーチは、それとは異なる。結婚式や告別式のスピーチが典型的かもしれないが、学校の入学式や卒業式、社長の新年の挨拶なども同じだろう。そこでは、「おめでとうございます」「お悔み申し上げます」「がんばろう」といった感情を伝えることが目的となる。気持ちが伝わればそれで目的は果たすことができるので、通常、非言語チャンネルは使用されない。聴衆は、スピーチを聞く前から、話し手の気持ちを知っている。新郎新婦のエピソードを紹介したり、在学時の思い出話を挟んだりすることはあっても、それは気持ちを伝えるための手段に過ぎない。筆者がある大企業に勤めていた際、新しい年が明けた最初の出勤日に社長が全社員向けに新年のスピーチを放送する習慣があったが、毎年、長々と同じことを聞かされた記憶がある。つまり、聴衆は聞く前からその内容を知っているのである。また、スピーチにタイトルをつけることは普通はせず、「祝辞」「弔辞」「新年の挨拶」などという呼び方が決まっている。

　企業のホームページはどうか。企業のホームページには顧客への感謝の気

持ちや、場合によっては謝罪の言葉などが載せられているが、通常、目的は感情の伝達ではない。たとえば、その企業のIR情報のページに、いくら感謝の気持ちが書かれていたとしても具体的な数値情報が書かれていなければ、

様々なコミュニケーションの素性

	意図	感情伝達性	言語チャンネル	非言語チャンネル	受信者特定性	双方向性	内容既知
商品のプレゼンテーション	+	−	+	+	+	−	+
結婚式のスピーチ	+	+	+	−	+	−	+−
学校の授業	+	−(+)	+	+	+	−+	−
学校の試験	+(−)	−	+	−(+)	+	−	+(−)
落語	+	+	+	+	+(−)	−	+−
取扱説明書	+	−	+	+	+	−	−
商品カタログ	+	−	+	+	−	−	−
機械のエラーメッセージ	+	−	+	−	+	−	+−
ラブレター	+	+	+	−	+	+	−
小説	+	+	+	−	−	−	−
科学技術の入門書	+	−	+	+	+	−	−
盗聴	−	−+	+	+	−	−	−
親から子への叱責	+	+	+	+	+	+	+−
家庭料理	−	+	−	+	+	−	−
仕事の連絡メール	+	−	+	−(+)	+	−	−
中高生の携帯メール	+	+	+	+	+	+	−
セックス	+	+	+	+	+	+	+
対面のおしゃべり	+	+	+	+	+	+	−
学会での研究発表	+	−	+	+−	+	−	−
学会での質疑応答	+	−	+	+−	+	+	−
同僚との飲み会	+	+	+	+	+	+	−
電話での雑談	+	+	+	−	+	+	+−
企業のホームページ	+	−(+)	+	+	−	−+	−
スポーツの応援	+	+	+	+	+	−(+)	+
スポーツ中継	+	+−	+	−	−	−	−
贈り物	+	+	+(−)	+	+	+−	+−
社内の会議	+	−	+	+	+	+	−(+)
葬式での涙	−	+	−	+	−	−	+−

誰も投資しないだろう。その意味で感情伝達性は［－］としている。また、ホームページはユーザーがクリックして自分の必要な情報を探していくから双方向ではないかという声が聞かれるかもしれない。しかし、ウェブデザイナーはユーザーから尋ねられて初めて答えを出すのではない。ウェブデザイナーはそのサイトを訪れるユーザーの行動を予測して設計する。予測つきであっても、一方向のコミュニケーションであることに変わりはない。

　学校に関連するコミュニケーションである授業と試験を見てみよう。比較しやすいように小学校の算数の場合とする。まず、授業の場合、発信者は教員であり、話し言葉中心であるが、児童の理解を向上させるために、口頭説明に加えて、いろいろな道具を使うので、非言語チャンネルは［＋］である。学年が低ければ低いほど、感情伝達や双方向性が必要であることも想像に難くない。「塾で先に習った」というような場合を除けば、児童はそれまで知らなかったことを習うわけであり、内容は当然未知である。一方、試験では、児童が発信者であり、書き言葉が中心で、図やグラフなどを書く場合を除けば非言語チャンネルは［－］となる。小学生であっても試験で感情伝達によって点数を上げることはできないし、双方向性もない。また、受信者が教員であるということは、内容は既知である。

　スポーツにおけるコミュニケーションはどうか。たとえば、観客から選手への応援は、双方向性以外は、すべて［＋］である。時には選手が観客の応援に身振りで答えることを考えると双方向性についても［＋］の場合がある。内容既知についても、多くの場合、誰が自分を応援してくれるかを受信者である選手たちは知っている。一方、アナウンサーによるテレビのスポーツ中継では、意図と言語チャンネルは［＋］であり、非言語チャンネル、受信者特定性、双方向性、内容既知は［－］になる。微妙なのは感情伝達性だろう。本来ならば感情移入をせずに、試合の状況や背景知識を伝えるのがスポーツ中継であるにもかかわらず、国際試合などではどうしても自国の選手への感情が入り、それを視聴者に伝えてしまう。また、おそらく、受け手である視聴者も、送り手であるアナウンサーや解説者が感情伝達をすることに違和感は持たな

い。それどころか、それを期待している場合もあるかもしれない。歴史に残る1936年ベルリンオリンピック女子200m平泳ぎでの河西アナウンサーの「前畑ガンバレ」はその代表的なものだろう。

　セックスがコミュニケーションだというと納得される方は多いのではないだろうか。しかもこのコミュニケーションはすべてのチャンネルを使う。視覚、聴覚、触覚は当然、味覚、嗅覚も入ってくるし、その前後も含めて言語コミュニケーションも不可欠である。すべてのチャンネルを使うコミュニケーション手段であるがために、双方の結びつきが非常に強くなるのかもしれない。

　贈り物をコミュニケーションと考えてみよう。言語チャンネルは、通常、贈り物を渡す時に一言添えることが多いので[＋]であることが多い。双方向性については、手渡しならば、その場で開けて言語による反応を返すことが多いだろうし、クリスマスプレゼントの交換の場合はまさに双方向である。内容については、受け取るほうが知らないこともあるし、誕生日プレゼントなら、あらかじめリクエストしておくこともある。

　意図が[－]のコミュニケーションとして、盗聴と家庭料理を見ておこう。盗聴の場合の発信者には、受信者に対して何かを伝えようという意図は当然ない。受信者が受け取る内容には感情が含まれている場合もあれば、含まれていない場合もある。盗聴であるからには、非言語チャンネルは使わず、言語チャンネルだけである。当然、受信者は特定できず、双方向ではなく、内容は未知である。

　料理の場合、作ること自体は意図的であるが、家庭で料理を作る人が、料

コミュニケーションとしての贈り物

贈り物は難しい。男にとっては、特に女性相手の場合が難しい。一般に、感情伝達性が＋となるコミュニケーションにおいては男よりも女のほうが得意であると言ってよいだろう。贈り物はその最たるものである。女は、自分の恋人や夫から贈り物をもらった場合、それが何であろうと、そこに相手の感情を読み取って喜ぶ。もしくは喜ぶフリをする。一方、男は感情を読み取る以前に、もらったものが自分の役に立つかどうかで判断してしまう。役に立たなければ嬉しいともなんとも思わないし、場合によっては不機嫌になる。そして、痴話げんかが始まるのである。

理によって何かを伝えようとしているかと考えるとそれは［−］と言えるだろう。しかし、その料理を食べる人、つまり受信者は、その料理から、発信者の感情や体調や知識を受け取ることができる。料理自体に言語コミュニケーションは含まれないが、家庭で食べる際には、言語による反応が求められるので双方向性は［＋］となる。

以上、いくつかのコミュニケーション素性の例を見てきた。他のコミュニケーションについては、表 (p.31) を参照されたい。では、このコミュニケーション素性を使ってTCを考えた場合、どうなるのだろうか。それによって、TCの位置づけを考えてみる。

1.2.5 コミュニケーション素性から見たTCの特徴

さて、前節で挙げたTCの定義は以下であった。

> TCとは、受信者の知らない技術的・専門的な情報を、グラフィック・テキスト・音声などを通し、わかりやすく伝える技術を指す。その基礎は古代ギリシアの修辞学にまでさかのぼるが、現代の科学技術にも幅広く応用可能であり、取扱説明書、ユーザーインターフェイス、産業翻訳などの実務はその代表と言える。

本書では、基本的にこの定義がカバーするコミュニケーションをTCと考えて議論を進める。また、TCの実務としては、取扱説明書や業務手順書などを含むマニュアル制作を中心に取り上げ、筆者自身の仕事の一環である翻訳にも言及する。

この定義をコミュニケーション素性と関連させると、TCは以下のように記述することができる。

意図　　　　　　　＋
感情伝達性　　　　−

言語チャンネル	＋／－
非言語チャンネル	＋／－
受信者特定性	＋
双方向性	－
内容既知	－

　TCが意図的なコミュニケーションであることは言うまでもないだろう。たとえば、受信者がいかに正確な情報を摑めたとしても、盗聴はTCには入らない。

　何らかの感情が、TCの動機であったとしても、そのコミュニケーション行動自体には、感情伝達性はない。また、取扱説明書をカラフルにしたり、キャラクターを入れたりして面白くしようとすることはあっても、それは受信者のモティベーションを上げるためであり、感情の伝達自体を目的とはしていない。また、企業のホームページでも、顧客に対する感謝や謝罪を表すような場合が稀にあるが、中心となるページには感情伝達は必要ない。逆に、企業のホームページに、感謝や謝罪の言葉だけがあり、必要な情報が掲載されていなければ、用をなさない。

　言語チャンネルと非言語チャンネルは、定義の中のグラフィック・テキスト・音声等に相当し、少なくともどちらかが［＋］となる。現実的には、言語に依存することが多いが、グラフィックと組み合わせたり、場合によっては、グラフィックのみの場合もある。ただ、現在のところ、点字による案内などを除けば、触覚・味覚・嗅覚を使ったTCはなさそうだが、それらも視野に入れるとTCの裾野が広がっていく可能性はある。

　定義の冒頭が「受信者の知らない」で始まるということから、TCでは受信者の特定が前提となる。次章で詳述するように、受信者を特定し分析することはTCにとって最も重要な要素であり、受信者を特定できない限り、TCにはなりえないのである。

　双方向性については若干説明が必要かもしれない。前節でも述べたが、コ

ミュニケーション素性における双方向性は、時間の長さと発信者の意識で判断したい。極端に言えば、時間の長さを無限に取ってしまえばすべてのコミュニケーションは双方向であるし、発信者はどんな形であってもフィードバックを期待するはずである。そうではなく、発信に対して受信者が即座に応答する場合、もしくは、即座の応答を期待している場合を双方向性とする。具体的に言えば、その時間は秒単位、長くとも分単位と考えてよいだろう。付け加えれば、その応答は直接人間によるものでなければならない。たとえば、Web上で何らかの手続きをした場合には即座に応答が返ってくるが、これは人間によるものではない。もちろんその応答のためのシステムは人間が作ったものではあるが、それは人間同士のコミュニケーションのやり取りの結果ではない。

　このように考えると、TCは、基本的に一方通行のコミュニケーションと言ってよいだろう。情報・知識の受け取り手からのフィードバックが即座には起こりえないからこそ、発信者の能力と責任が問われる。「わかりやすく」伝えることがTCの最重要テーマとなるのは、一方向のコミュニケーションであることに由来すると言っても良いだろう。受信者が理解できない場合に即座に聞き返すことができるならば、発信者はわかりやすく伝えることに腐心する必要はない。受信者に質問の機会がないからこそ、それが不要となるようにわかりやすく伝えなければならないのである。

　TCが伝える内容は、なんらかの専門的な情報や知識であり、それは受信者の知らない内容である。その意味で、上述したように、小学校の試験の解答は、受信者にとって既知であるためTCにはならないが、大学院における高度な内容の修士論文や博士論文は指導教官以外の教員にとっては未知であることもあり、TCの一つと言ってよいだろう。

　以上、コミュニケーション素性からTCを位置づけると次のような特徴が見える。

　　　TCとは、特定の受信者に対し、その受信者の知らない知識や情報を、

言語やグラフィックなどを使って行う意図的なコミュニケーションである。感情は入らず、一方向であることが多い。

表 (p.31) の中で上記の素性の組合せを満足するものには、網掛けをした。商品のプレゼンテーション、学校の授業、取扱説明書、科学技術の入門書、仕事の連絡メール、学会での研究発表、企業のホームページがそれに相当する。これらを TC の具体例として考えるならば、TC の社会的必要性も納得してもらえるはずである。

本章の参考文献

Carol M.Barnum & Saul Carliner.(1993) *Techniques for Technical Communication.* Macmillan Publishing Company.

Martin, J.N.& Nakayama, T.K..(2000) *Intercultural Communication in Contexts.* Mayfield.

植村勝彦(2000)「コミュニケーションの基礎」植村勝彦・松本青也・藤井正志『コミュニケーション学入門： 心理・言語・ビジネス』ナカニシヤ出版: 1-14.

岡部朗一(1993)「コミュニケーションの定義と概念」橋本満弘・石井敏編『コミュニケーション論入門』桐原書店: 54-74.

林進(1988)「コミュニケーションと人間社会」『コミュニケーション論』有斐閣: 1-35.

光成沢美(2003)『指先で紡ぐ愛』講談社.

森口稔(2008)「シンポジウムに見る近年の TC 傾向」『テクニカルコミュニケーションシンポジウム2008論文集』: 25-29.

八島智子(2004)『外国語コミュニケーションの情意と動機』関西大学出版.

2 わかりやすさのストラテジー

One cannot NOT communicate. —— Watzlawick, Beavin & Jackson
(人はコミュニケーションせずにはいられない。)

長野県白馬村の名前の由来は、春に山の雪が解け、それまでは真っ白だった山に地肌が出始めると、その部分が馬の形に見えるためだと言う。もちろん、自然が意図して馬の形を作ったのではない。本来ならば意味のないところに、人間が意味を見出したのである。ススキが幽霊に見えたり、雲がUFOに見えたりというこの種の話は枚挙にいとまがない。つまり、我々は発信者が意図してもしなくても、常に眼前に与えられたものに何らかの意味を見出そうとする。いわば、理解への無意識の執着とでも言えるものを持っているのである。本章では、この理解への無意識の執着から始めて、「わかりやすさ」について考える。

2.1 「わかる」とは？

「わかる」とは、一言で言えば、「心の中に過不足のない一つのイメージを形作ること」だと考えて良いだろう。以下の2つの図を見てもらいたい。

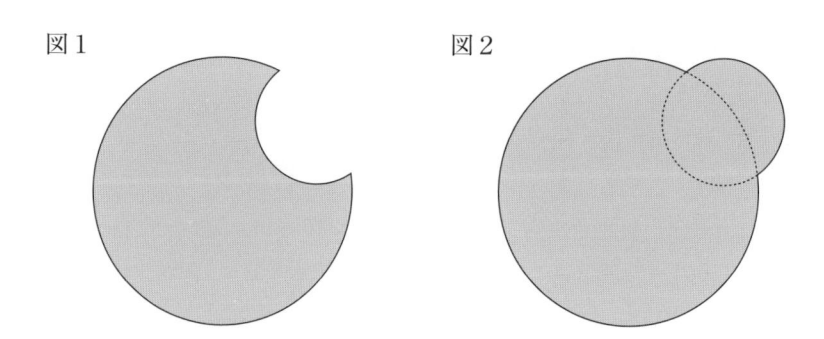

図1

図2

図1を見たとき、我々は何かが欠けているように感じ、逆に、図2は何か

2.1「わかる」とは？ 39

が重なっているか出っ張っているように感じる。欠けている場合は、何が欠けているのだろうかと思い、重なっている／出っ張っている場合は、何が重なっている／出っ張っているのだろうと疑問に思う。仮に、発信者が「いや、これはこういう形なのだ」と説明しても、今度は「何故、そんな形をしているのか」という疑問を抱かざるをえない。疑問に思うということは「わかった」状態には至っていないことになる。そして、当たり前のことではあるが、結局、図 2 の小さな円の見えている部分は、図 1 の欠けた円と同じ状態であることに気付く。

一方、図 3 に対して、そういった疑問は出ない。「何が欠けていないのか」とか「何が重なっていないのか」という問いはそれ自体が不自然であるし、「何故欠けていないのか」「何故重なっていないのか」と問うことも通常はない。つまり、これが「わかった」状態だと言える。

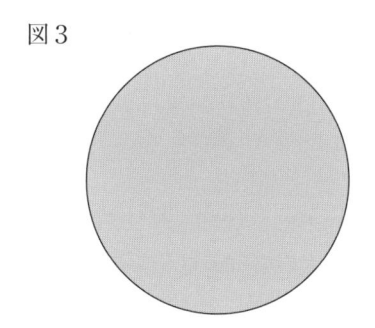

図 3

注意すべきは、この過不足のないイメージが、人により、また、場合により異なるという点である。たとえば、以下の文を考えよう。

(1) 大きな湖のほとりのお寺に、古い仏像があった。

これが御伽噺の冒頭の一文だとすれば、通常、特に疑問は持たない。しかし、仮に、仏教彫刻史に関する説明だとすれば、文 (1) では、図 1 のような感覚を

持つことになる。「大きな湖」とはどの湖なのか、「ほとり」と言ってもどちらの方角か、お寺の名前は何か、「古い」と言っても制作年代はいつ頃か、仏像の種類は何か。そういった情報が不足していることになる。こういった疑問を仏教彫刻史関係の読者に持たせないためには、以下のように書かなければならない。

　（2）琵琶湖北岸の渡岸寺に、9世紀の作とされる十一面観音があった。

では、次の会話はいかがだろうか。

　（3）Ａ：先週、出張で札幌に行ったんだ。
　　　Ｂ：ふーん。
　　　Ａ：そしたら、なんと、千歳空港でＣ子を見かけてさ。
　　　Ｂ：へぇー、Ｃ子を。彼女、何しに札幌へ行ってたんだろ。
　　　Ａ：札幌も意外と暑いみたいだよ。
　　　Ｂ：？？？

Ａの最初の発言にＢは特に疑問を持っておらず、図3の「わかった」状態になっている。ところが、Ａのその次の発言によって、Ｂは図2の状態に陥る。「先週、出張で札幌に行った」という完成情報に、「Ｃ子を見かけた」という情報が加わったために、Ｂは逆に「わからない」状態になったわけである。
　しかし、次のような場合ならば、Ｂはまた図3の状態に戻る。

　（4）Ａ：先週、出張で札幌に行ったんだ。
　　　Ｂ：ふーん。
　　　Ａ：そしたら、なんと、千歳空港でＣ子を見かけてさ。
　　　Ｂ：へぇー、Ｃ子を。彼女、何しに札幌なんか行ってたんだろ。
　　　Ａ：札幌も意外と暑いみたいだよ。

B：ああ、そう言えば、アイツ、電機メーカーでエアコン担当って言ってたなあ。

　一方、AとBとC子が同じ社内の同じ部署の人間であれば、出張の要件にも興味を持ち、Aの最初の発言が既に図1の状態になっているかもしれない。

　(5)　A：先週、出張で札幌に行ったんだ。
　　　B：え、札幌？　今、札幌で進んでる仕事なんてあったっけ？

　つまり、「わかる」とは「心の中に過不足のない一つのイメージを形作ること」ではあるが、イメージが形作られるかどうかは、読者や状況によって一定していない。わかりやすく伝えることを考えるには、まず、この点を把握しておく必要がある。そして、人間は常に、この「わかる」状態を無意識に求めているのである。

2.2　人間の認知能力と受信者の分析

　書き言葉では、文字が単語を作り、単語が文を作り、文が文章を作る。通常は、それぞれのレベルが「わかった」上で、上位のレベルの処理に入る。まず、文字自体が読めるかどうか。次に、文字は読めるが、単語を知っているかどうか。単語は知っているが、文として構成したときに、意味がわかるかどうか。さらに、一文一文はわかるが、文章全体の言いたいことがわかるかどうか。それぞれのレベルで「わからない」と感じることは日常経験するし、1つ下のレベルが理解できていなくても読み進めて行くうちに文脈から意味を推測できることもある。そうして、それぞれのレベルの間でフィードバックを持ちながら、イメージを作り上げていく。書き言葉を例に説明したが、話し言葉でも同じと考えてよいだろう。

　各レベルにおいて、図3のイメージを形作ることが「わかる」ことであるな

らば、わかりやすく伝えるためには、どうすれば図3のイメージが作りやすいかを考えればよい。その方略は、おおまかに2つに分けることができる。一つは、人間の認知能力に基づく方略であり、もう一つは、コミュニケーションの受信者の分析 (audience analysis) に基づく方略である。それらをさらに下位分類すると以下のようになる。文字や単語のレベルではこれらのうち一部だけしか関連しないが、文章のレベルではすべてに関連する。

人間の認知能力に基づく方略
- 伝える内容の全体像を最初に見せる
- 全体を分割し、配置する
- 長い要素を避ける
- 流れを止めない
- 明確な表現を使う
- 見やすさを考える

受信者分析に基づく方略
- 情報・知識を伝える相手を知る
- 伝えるべき情報・知識を取捨選択する
- 読者・聴衆の知っている表現を使う

ただし、実際に文書を作成したり、プレゼンテーションを行ったりする際は、この9項目は大まかに3つの段階に分かれ、順番も次のように混ざり合う。

1. 情報・知識を伝える相手を知る〜受信者の分析
2. 伝えるべき内容と順番を考える
   (1) 情報・知識を取捨選択する
   (2) 伝える内容の全体像を最初に見せる
   (3) 全体を分割し、配置する

3. 伝えるべき内容を表現する
   (1) 受信者の知っている表現を使う
   (2) 長い要素を避ける
   (3) 明確な表現を使う
   (4) 流れを止めない
   (5) 見やすさを考える

以下、この手順に従って説明しよう。ただし、「受信者の分析」以外は、多くの文章表現ノウハウの本で書かれていることなので簡単に触れる程度にしておく。

2.3 情報・知識を伝える相手を知る 〜 受信者の分析

2.3.1 Audience analysis という用語と内容

「敵を知り、己を知れば、百戦危うからず」とは、よく知られた孫子の言葉だが、これは TC にも当てはまる。もちろん TC の場合、情報・知識を伝える相手は「敵」ではないが、相手を知ることが重要であることに変わりはない。事実、米国では TC 関連の教科書等でも audience analysis の重要性を説く。

一方、日本の TC 関係者の間では意外にこの用語が浸透していない。たとえば、河東 (1998) も情報の「受手の持っている知識の分析」が重要であることを指摘しているにもかかわらず、audience analysis という用語は使っていないし、筆者の知る限り、過去の TC シンポにおいても内容的には audience の分析をしていながら用語として使われていた記憶はない。おそらくその理由の一つは、現在の日本の TC の対象が主に「ユーザー」であることと関係すると思われる。日本の TC 実務者の成果物は、電子化されたものも含めて、マニュアルが中心であり、マニュアルの読者はユーザーである。それ故、audience analysis に相当する日本語の用語を使わなくとも、「ユーザー分析」で必要な概念を示すことができることになる。

本書では、このaudience analysisをTCにおける最重要概念の一つとらえ他の章でも多用する。ただし、その時に応じて、「受信者分析」「読者分析」「聴衆分析」「ユーザー分析」などの訳語を当てる。

では、具体的には、受信者の何を分析すれば良いか。コミュニケーションの種類にもよるが、少なくとも、以下の項目は考えなければならない。

- 目的
- 既知の情報と知識
- 情報・知識を受け取るときの環境
- 行動の権限、質問の機会
- 発信者との社会的関係

文書作成を例に取って、audience analysisの話を進めるが、その前に少しだけ「情報」と「知識」の区別について触れておきたい。

2.3.2 「情報」と「知識」

読者が文書を読む目的を考える際、本書では「情報」と「知識」を次のように区別しておきたい[1]。読者の目的が「情報」を得ることなのか、「知識」を得ることなのかによって、取るべき方略が異なるからである。

「情報」と「知識」の違いは3点ある。目的の明確さ、それが意味を持つ時間の長さ、そして、体系性である。我々が何かの情報を得ようとするときは目の前になすべき行動があるが、知識の習得は必ずしも直近の目的を持たない。情報は刻々と変化するため、それが意味を持つ時間は短いが、知識は連綿と続く。それと関連して、情報はそれぞれが単独でつながりを持っていないことも多いが、知識は有機的なつながりを持ち、一つの体系を形作る。以下、具体的な例を考えてみよう。

---

[1] 「情報」と「知識」については様々な切り分け方があると思われるが、本書では便宜的に本項での区別に基づくこととする。

会議に出席するためには、その場所と時間の情報が欠かせないが、会議が終わってしまえば、その情報は意味がなくなってしまう。ところが、同じ会議と言っても、1945年4月から6月にかけて、第二次大戦の連合国が参加してサンフランシスコで開催され、国連発足の準備となった会議の場合は異なる。このサンフランシスコ会議のことは、知っていても仕事や日常生活では通常役に立たないだろうが、その事実は世界の歴史の中で今後も意味を持ち続け、それは一つの知識となる。

3日前に隣の町で火事があったとしよう。火事の原因や損害は、被害者だけでなく、消防署、警察署、保険会社、周辺住民にとっては重要な情報となるかもしれない。しかし、それらは、記録されるとしても、一定の手続きを終えれば特に意味を持たなくなる。一方、他の火災に関するデータも集めて分析して体系づけていけば、防災のための知識となる。

左のイラストは、お菓子で有名な不二家のキャラクター、ペコちゃんである。ではこのペコちゃんの年齢、身長、体重はご存じだろうか。不二家のキャラクターサイト「ペコワールド」(http://www.fujiya-peko.co.jp/pekoworld/index.html) によると、ペコちゃんは、永遠の6歳で、身長は100cm、体重は15kg らしい。では、これは知識か情報かと聞かれると、おそらく一般の人にとっては「役に立たない知識」と考えて良いだろう。しかし、仮にペコちゃんをモチーフにしたグッズやストーリーを題材にしたビジネスを展開するという目的があれば、重要な情報となる。

科学技術の場合も、種々の実験や観察で得られるデータはそれだけでは意味がなく、ただの数値にすぎない。しかし、他の情報や既存の知識と関連付けられることにより、そのデータは情報となる。

2.3.3 受信者の目的

　目的志向的で、短時間的で、非体系的である「情報」を得ようとする読者は、何らかの行動を起こすために情報を得ようとしているわけだから、「急いでいる」ことが多い。逆に、直近の目的はなく、長時間的で体系的な「知識」を得ようとしている読者は、じっくりと文書に向う。急ぎはしないが、その知識を確実に得ようとする。具体的な文書で言えば、メールや取扱説明書などは、情報を得るために読むし、書籍は知識を得るために読むことが多い。もちろん、必ずしも、明確な線引きができるわけでもなく、ホームページや雑誌記事などは、中間的な場合もある。いずれにしろ、わかりやすく伝えるためには、まず、読者の目的を把握しなければならない。

　具体的な文書を例に考えてみよう。ある人が製品の取扱説明書を読むとすれば、その目的は、その製品を使う作業をすることによって、ある状況を実現することである。たとえば、表計算ソフトを使って会計報告を作成したり、掃除機を使って部屋をきれいにしたり、電子レンジを使って料理を作ることである。つまり、ユーザーにとって取扱説明書とは、作業のための道具のための道具に過ぎない。たとえば掃除の場合、取扱説明書→製品→掃除→部屋がきれいな状態というように、目的遂行までに3つのステップが存在する。

　その対極にあるのが娯楽小説である。娯楽小説の読者は、製品を使うための情報を探したり、科学の知識を得たりするために読むのではない。読むという行為自体が目的となっている。読者の目的という観点からは、この2つを極として様々な文書が存在する。読者の目的に沿って4つにまとめたのが、次頁の表である。[2]

---

[2] 目的達成を志向する行為を Goal-oriented act (GOA)、それまでの過程を志向する行為を Process-oriented act (POA)、ある状態を志向する行為を State-orinted act (SOA) と呼んではどうかという提案を、2010年の TC シンポジウムの際に、総合研究大学院大学の黒須教授から頂いた。典型的な GOA は掃除、POA はゲームや飲酒、SOA は休息と考えてよいだろう。本書ではここに述べている点以上の議論はできないが、今後の検討課題としたい。

それぞれの区分は絶対的なものではない。新聞や雑誌はAとBの中間に当たるだろうし、Bの読者も長い目で見れば知識や情報を使って何らかの行為をすることを考えると、Cとの差は単に時間の長さの問題かもしれない。また、インターネットのホームページは、AからDすべての場合が存在するだろう。いずれにしろ、文書を読もうという動機はAが最も高くDが最も低い。BとCは対象によって異なるため、一概にどちらの動機が高いとは言えないだろう。CとDの違いについては、ユーザーの生活行動を視野に入れる必要性を森口（2007）でも示唆したが、たとえば、ゲーム機を使おうとするユーザーはCであり、掃除機を使おうとするユーザーはDである。ゲーム機を使おうとするユーザーはゲーム機を使いたいのである。一方、掃除機を使おうとするユーザーは掃除機そのものを使いたいのではなく、部屋をきれいにしたいのである。

読者の目的と文書の例

	読者の目的	文書例
A	文書を読むこと	娯楽小説、漫画
B	文書を読んで知識や情報を得ること	教科書、辞書、論説文
C	文書を読んで得た知識や情報を用いて、何らかの行為をすること	ゲーム機のマニュアル、業務マニュアル、スポーツのノウハウ本
D	文書を読んで得た知識や情報を用いて必要な作業をし、何らかの行為をすること	家電製品のマニュアル、Microsoft Officeのマニュアル

（森口2010より）

このうちTCの守備範囲はBCDと言ってよいだろう。河東（1998）は、TCでは「抽象的な概念の伝達ではなく、具体的な物理空間の上での具体的な動きを表す指示」を伝えることが多いとしているが、1章で提示した定義を考えると、Bも含めて差し支えない。さらに、BCDと下に行くほど、読者はわかりやすさを求める。小説であれば、少々難解であってもその難解さを楽しもうとするかもしれないし、難しい専門書を読んで知識を得ることは喜びにつながる。しかし、Dの読者は、わかりやすくなければすぐに読むことを放

棄する。

　現在の日本のTC業界のターゲットは主にDである。だからこそTC関係者は、動機の低いDの読者が「どうすればマニュアルを読んでくれるか」「どうすればわかりやすいか」を考えてきた。また、穿った見方をすれば、TCシンポジウム等でCの仕事をされているテクニカルコミュニケーターにお会いする機会が少ないのは、Dの仕事に比べて読者の動機付けが、さほど大きな問題ではないからかもしれない。

2.3.4　受信者の持っている情報と知識

　目的が絞られたら、次に考えるべきは、読者が既に持っている情報や知識を想定することである。これから書こうとする情報・知識が、読者が既に持っている情報・知識と、隙間なく、かつ、無駄なく、連結できるようにしなければならない。たとえば、インターネット接続の説明書の1ページ目から、いきなり「IPアドレス」というような用語を出しても読者にとっては意味不明だろうし、社内向けの会議案内のメールに、会議室までの道順の説明をする必要はない。

　また、これから与えようとする情報・知識に直接関連する情報・知識だけでなく、読者の一般的な知識についても想像は必要である。たとえば、中学生向けのスマートフォンと高齢者向けのスマートフォンがあるとすれば、同じ機能を持っていたとしても、その取扱説明書の表現は異なるはずである。

2.3.5　受信者の環境

　3つ目に、情報・知識を受け取るときの環境を想像する必要がある。知識を得る目的の場合は、恐らく、通常、それなりに落ち着いて、知識を得ることに集中できる環境に読者はいるだろうが、情報を得る目的の場合は、時間的・空間的に制約のある状況も考えられる。たとえば、非常口の開け方の説明は一瞬で分からなければ焼け死んでしまうかもしれないし、機械を操作するために狭い机の上でマニュアルを開かなければならないこともある。

2.3.6 受信者の権限

　4つ目に、情報や知識を得た読者が、その後の行動に対して持つ権限についても考えなければならない。「単語も文も理解できる、文章の言いたいこともわかる。で、いったい私にどうしろと？」というようなメールを受け取った経験はないだろうか。知識を得ることが目的である読者の場合、こういう問題は出てこないが、情報が目的の場合、この点にも注意が必要となる。

　筆者個人の体験としては次のような例がある。大学に勤めていたとき、同僚の教員から彼が書いた授業用資料をもらったことがあり、メールでも「参考にしてください」との主旨の連絡があった。その後、その授業に関しての会議があったので、私は彼からもらった授業用資料を参考として会議の中で回覧した。彼はその会議の参加者ではなかったが、その回覧のことを知って、私宛にメールが入った。相当過激な調子で「参考にしてくれとは言ったが、回覧して良いとは言っていない」との主旨が書かれてあった。この場合は、メールに行動の権限が明示されていなかったために、それを受け取った筆者が権限を逸脱し、同僚を立腹させてしまったと言ってよいだろう。

　この受信者の権限の中に質問の機会も含められる。通常、書物の内容について読者は質問する機会を持っていない。当然、著者の名前はわかるが、連絡先等が明示されている場合はほとんどない。出版社に連絡して、書籍の内容について質問することも不可能ではないかもしれないが、回答を得るためには努力と運が必要だろう。プレゼンテーションなどでは、通常、質疑応答の時間が設けられているが、たまに、それができない講演会もある。こういった場合、発信者のほうは、読者・聴衆に質問の機会が与えられていない点を十分に把握する必要がある。逆に、学校における授業のように質問の機会が与えられる場合は、それを前提として進める方法を取ることもできる。

2.3.7 受信者と発信者の社会的関係

　最後に、受信者と発信者の社会的関係も考慮しなければならない。両者の

関係は、一時的か恒常的か、支配関係や利害関係があるか、交感性が求められるか、などである。すべての場合ではないが、コミュニケーションの種類によってはこの関係が非常に重要となる。

家族間、同僚間、教師と生徒などは恒常的である。これらに比べ、印刷物の著者とその読者の関係は一時的である。取扱説明書の読者は、その製品を使うという点だけにおいて、その作成者と間接的にかかわる。TCとは離れるが、落語家と聴衆も一時的である。仮に、客がその落語家を贔屓にして高座に通い続け、顔を覚えられ、一緒に酒でも飲むようになると、また別のコミュニケーションとなるが、それは例外的と言ってよい。

教師と生徒の間に支配関係があるのは自明のことだろう。また、取扱説明書とユーザーも一種の支配関係にあると言ってよい。取扱説明書に「注意」と書かれてあれば、読者であるユーザーはその注意書きに従わなければならず、それを守らない場合、その製品が動かなかったり、何かが破損されたりなど、読者にとって不利益な状況が起こりえる可能性がある。そして、支配関係がある場合、次のような仮定の表現であっても脅しや命令の文となりえる。

　　宿題を出さなければ、単位を落とすことになります。
　　Aボタンを押すと、Bを開くことができます。

交通標識の一部は非常に支配的である。停止の標識や速度制限はそれを守らなければ罰せられるし、場合によっては人命が失われる。そういった意味で落語家と聴衆には支配関係はない。落語家の噺が面白くなければ、聴衆は居眠りする権利も席を立って出ていく権利もある。つまり、支配関係にない場合、受信者は発信者を無視することもできるのである。

そして、また、コミュニケーションの多くが非支配的であることも知っておきたい。それは我々が話す言語の中で命令文の占める割合が全体の中ではさほど大きくないことを考えればわかる。ところが、コミュニケーションが支配的か、非支配的かの解釈が、発信者と受信者で異なる場合、問題が起き

る。たとえば、上司が部下に対して「あの企画書はいつできる？」と言ったとしよう。上司は今後の仕事の計画を立てるために単純に質問をしただけであるにもかかわらず、部下がこれを支配的なコミュニケーションと誤解して、「早く企画書を出せ」と解釈してしまうこともありえる。部下は急かされたと思って「明日の3時までに出します！」と答えるが、仕事が詰まっているために、自分で言った期限を守れなかったり、他の仕事を中断したためにそちらに支障が出たりすることもあるかもしれない。話し言葉の場合ならば口調などから命令であるかどうかがわかるかもしれないが、メールでのやり取りだったりすると、それもわからなくなる。

逆に、支配的コミュニケーションがそう解釈されなかったために、起きた重大な事故もある。これについては、「6.2.1 社会的必要性」(p.153)で詳述する。

2.3.8 受信者分析の例

TC以外のコミュニケーションも含めて、受信者分析の例をいくつか挙げておこう。

まず、表のDの製品の取扱説明書の読者から始める。ユーザーの目的は、製品を使うためではなく、製品を使って何かの作業をすることである。自らの目的達成までに3つのステップがあり、当然、モティベーションは低い。ユーザーのレベルによって、用語や概念に関する情報や知識には差がある。文書を読む環境は、製品を前にして差し迫った状況と考えられる。取扱説明書に従って製品を使用する権限は持っているし、取扱説明書を無視して使用する権限も部分的には持っている。ただし、通常、製品を改造する権限はない。内容がわからない場合、問い合わせ先に質問をする権利は持っている。メーカーとユーザーという社会的関係は、どちらかというと一時的な関係であるが、メーカーはお客様であるユーザーに対し、低姿勢でいながらも弱みを見せようとはしない。

同じ取扱説明書であってもCの製品の場合は若干異なる。ユーザーの目的

は、製品を使うこと自体であり、モティベーションが高い。Dの製品の場合は「さっさと仕事を片付けてしまいたい」という心理であるのに対して、Cの場合はいわば「わくわく」しながら製品を前にする。端的に言えばDのユーザは仕事で製品を使っているのに対し、Cのユーザは遊びとして製品を使おうとする。遊びであるということは、文書を読む環境も余裕のある状況と言えるだろう。権限については、Dの場合と同様、製品の使用と問い合わせの権限はあるが改造する権限はない。メーカーとユーザーの社会的関係もDと同じだが、一つ異なる可能性があるのは、ゲームなどのヘビーユーザーはメーカー以上に使い方を知っていることもある点だろう。

　大学の授業はどうだろうか。聴衆である学生の目的は端的には単位を取ることである。もちろん理想的には、教員によって提供される知識や技能の習得が授業を受ける目的ではあるが、必ずしもそうでないことも多い。近年は語学や数学などで習熟度別の授業も進められているが、それでもクラスの中に学力の違いはある。環境は、通常、知識の習得に専念できる状態に置かれている。知識の送り手である教員の話を無視する権限は、本来、学生にはない。だから、居眠りしている学生は点数を引かれたり、教師によって起こされたりする。その場で質問をする権限は与えられているが、実際にはあまりこの権限は行使されない。教員と学生の社会的関係は、モンスターペアレントの存在などで必ずしもそうでないこともあるかもしれないが、一応、教員が上であるとされている。

　落語はどうか。聴衆の目的は楽しむためであり、情報や知識を得ようとは考えていない。いわば、コミュニケーションそのものが目的となっている。聴衆が持っている情報や知識について、古典落語で若干問題となるのが、舞台背景となる時代の生活習慣や語彙についての知識の欠如である。たとえば、「玄翁（げんのう＝金槌の一種）」という大工道具を知らなければ、「子は鎹（かすがい＝材木をつなぐためのコの字型の釘）」という言葉に対して、子供が「だからおとっつぁんが玄翁でぶつんだ」という『子別れ』のオチの面白さはわからない。また、「半鐘」のことを「じゃん」と呼ぶことを知らなければ、「半

鐘はいけないよ、おまえさん。おじゃんになるから。」という『火焔太鼓』のオチはわからない。落語を聞く環境は、大学の授業と同じで、それを聞くことに集中できるリラックスした空間と時間がある。また、つまらない演者にたいしては、大学の授業と異なり、居眠りをする権利はあるが、逆に質問する権利はない。

　以上、わかりやすく伝えるための最初の方略としての受信者分析を長々と説明してきた。しかし、これは TC の第一歩であり、まだコミュニケーションは始まっていないのである。

2.4 伝えるべき内容と順番を考える

2.4.1 伝えるべき情報・知識を取捨選択する

　受信者分析が完了した時点で、受信者がどんな情報・知識を必要としているかがわかるので、そのニーズに従って、情報・知識を取捨選択しなければならない。ただ、この情報・知識の取捨選択の際に陥りがちなのは、情報・知識の深さについての誤りである。特に、自分が得意な分野や好きな分野については、深く掘り下げて詳細に説明したくなる。しかし、受信者が本当に知りたいのは、受信者自身の目的に合った情報や知識であり、詳しければよいというものではない。たとえば、ブレーキを踏めば車の速度が落ちることを説明するときに、摩擦についての物理学の講義から始める必要はない。

2.4.2 全体像を最初に見せる

　伝えるべき情報・知識が絞られたら、実際に文書を作成する段階になる。その際には、まず、全体像を見せることが必要である。今から何の話が始まって、どういう方向に流れていくのか、どの点については言及しないのか。いわば、文書全体の見取り図を読者に提示するわけである。上述した○の図で言うならば、今から○の話をしていきます、□や△ではないですよ、という枠組みを最初に示せば、読者はこの先提供される内容をスムーズに○の中に

収めていくことができる。

　この全体像を最初に見せる意味は、本章の冒頭に述べた白馬村の例も関連する。全体を最初に見せなければ、人間が持つ理解への無意識の執着に従って、受信者はどんどんと自分の解釈を進めてしまう。それが、こちらの意図した方向であれば問題はないが、間違った方向へ進んでいった場合、後からその解釈を修正することはかなり困難となる。いったん白い馬に見えてしまうと、なかなか他の物には見えなくなってくるのである。

2.4.3 全体を分割し配置する

　全体の見取り図を見せた後は詳細の説明に入るが、そのときにどのように全体を分割し、どう配置すれば、最終的なイメージを作り上げていきやすいかを考えなければならない。これも○の図で考えてみよう。分割した内容が、8等分に切ったピザのように整然とした形であれば、簡単に○の中に当てはめていくことができる。ところが、以下のような形であれば、何とか○にしていくことはできたとしても、当てはめる際に読者は非常に苦労しなければならないだろう。

　8等分のピザの形にするためには、様々な角度からの切り込みを入れてみた上で、どの角度が最もきれいに分かれるかを検討していかなければならない。「わかる」と言う言葉は、文字通り、「分けること」ができる意味なのである。

2.5 伝えるべき内容を表現する

2.5.1 受信者が知っている表現を使う

　ここまでは、情報・知識の中味の話だが、ここからは、それを表現する言葉の話である。ただし、「受信者が知っている語を使う」という点については、受信者分析を正確に行えばさほど難しくはない。一つ、気を付けるべきなのは専門用語であるが、これについては5章で詳しく取り上げる。

2.5.2 長い要素（文、段落）を避ける

　人間の短期記憶は7項目前後という有名な話がある。だから、電話番号は7桁前後なんだとか、世界の七不思議、七福神、七変化など7つ一組の概念があるんだとかいう話である。ただ、最近の脳科学では、短期記憶という概念はあまり使われず、脳をコンピューターに喩えて「ワーキングメモリー」という概念が使われることが多い。短期記憶が文字通り記憶だけに焦点を当てているのとは異なり、ワーキングメモリーでは情報の貯蔵、つまり、短期の記憶と、情報の処理と、作業の制御の3つの心的過程を考える（森下・苧阪 2005）。また、長年言われてきたマジックナンバー7ではなく、平均的な貯蔵の要領は3±1としている。以下でも脳をコンピューターのようなものと考えて話を進める。ただし、あくまで比喩であり、認知科学の知見というわけではない。

　パソコンで一度に膨大なデータを処理させようとすると、フリーズしてしまう。同じように、人間の脳が、次々に入ってくるデータを処理してイメージを作り上げようとしても、そのデータ量が多すぎるとフリーズしてしまう。これが「わからない！」という状態の一つである。つまり、イメージが完成する前にメモリー内にデータがいっぱいになると処理できなくなってしまうわけである。

　一方、適切な速度でデータが入ってくると、イメージを作り上げて、今度

はそれを圧縮する。「わからない」状態のときは、脳内メモリーをかなり使っているが、イメージが出来上がって「わかった」状態になれば、そのイメージは圧縮され、次のデータが入ってくる余裕が生まれる。つまり「わかりやすい」ということは圧縮しやすいこととも言える。

　圧縮しやすさを言語表現の点から考えてみたとき、これが、「長い文や長い段落を避ける」ということになる。たとえば、次の２つの文章を考えてみよう。

　　（1）学校から帰ると鞄を置いて着替えもせずに野原へ飛び出した武は、そこで待っていた健太やその取り巻きたちが集まっている一本松の辺り目掛けてすごい勢いで駆けていき、今朝学校に行く前に作っておいた泥団子を投げつけた。

　　（2）武は学校から帰ると鞄を置いて着替えもせずに野原へ飛び出した。健太やその取り巻きたちは一本松の辺りに集まって待っていた。武はそこを目掛けてすごい勢いで駆けていき、泥団子を投げつけた。これは、今朝学校に行く前に作っておいたのだった。

(1)では、最後まで圧縮できずフリーズに近い状態になったのを感じていただけただろうか。それに比べて、(2)では、１つの文が終わった時点でイメージが圧縮されて格納されて、スムーズに処理が進んでいく。作文技術の参考書等でも「一文を短くする」ということは盛んに言われるが、その理由は処理をして圧縮していく過程にあると考えてよいだろう。

　これは段落についても言える。段落についても文とは異なるレベルで我々は圧縮をかけている。だからこそ文章を読んでいて段落が変わるところでは何がしかの小休止感があるし、あまりにも長い段落は読み始める前から疲れる。たとえば、長い段落を見ると、踊り場もなく一直線に続く登り階段の下に立ったような感覚を覚えるのである。

　逆に言えば、段落の場合は、１つの概念に圧縮できるような段落を形成し

ていくことがわかりやすい文章になる。また、段落の全体像を最初に見せるために、段落全体を圧縮した一文を最初に書くこともある。これはトピックセンテンスと呼ばれ、米国などの作文教育では基本的な技術だが、最近は日本の文章技術でも普及しつつある。

2.5.3 明確な表現を使う

　文や段落が短くなれば、それで良いというわけではない。各レベルにおける表現要素が短くなっても、それぞれの要素が明確でなければ、わかりやすさが阻害される。明確でない表現は二通りある。一つは、具体性がない場合であり、もう一つは、複数の解釈が可能である場合である。

　具体性がない表現とは、たとえば次の会話における答のような表現である。

　　(3)「その人、どのぐらい背が高いんですか。」「とにかく、すごく高いんだよ。」
　　(4)「鍵はどこですか。」「会社にあるから取ってきて。」

(3) では、「すごく背が高い」のが 180cm なのか、2m10cm なのかわからない。2m10cm は恐らく人間としてはどこにいても「背が高い」と考えられるが、180cm は米国のプロバスケットボール選手ならば低い方である。数字で示すのが無理だとしても、「玄関に入るとき、頭がつかえるぐらい」など具体的な表現は可能なはずである。(4) の曖昧さは受信者によって大きく異なる。いつも一緒に仕事をしている相手ならば、会社のどの部署のどの部屋のどこにあるかわかるだろう。しかし、そうでなければ、鍵のような小さなものがどこにあるのか、ほとんど特定できない。

　一方、複数の解釈が可能である場合とは、たとえば次の表現である。

　　(5)　結構です。
　　(6)　単語検索

(7) システムメモリーはプログラム等の動作に必要なリソースを格納します。

(5) は、「よろしい。OKです。」の意味にもなるし、「不要です。」の意味にもなる。これは「結構」という単語自体が複数の意味を持つことに起因する。(6) と (7) は単語自体が複数の意味を持つのではなく、単語同士の関係の問題である。(6) は、「単語を検索する」という解釈も成り立つし、「単語で検索する」という解釈も成り立つ。(7) は、「プログラム等が動作する場合に必要なリソース」という解釈も成り立つし、「動作に必要なリソース、たとえば、プログラム等」という解釈も成り立つ。

また、表現自体が多義ではなくても何を指しているのか明確でない場合がある。たとえば、子供がいる家庭では、自分の配偶者のことを「お父さん」「お母さん」と呼ぶことも多い。これは、子供の視点からの表現である。たいていの日常生活で誤解を招くことはないが、場合によっては、配偶者のことなのか、自分または配偶者の親を指しているかが明確でない可能性も出てくるだろう。

こういった複数の解釈が可能な表現は書きながら自覚することは難しい。複数解釈の問題を見つけるには、第三者に読んでもらうか、または、ある程度、時間をあけてから自分で再読することが必要だろう。

2.5.4 流れを止めない

知らない表現もなく、小気味よく短い文が並び、曖昧なところがなければ、受信者はスムーズに理解していく。次は、その流れを止めないことが肝腎である。では、どんな場合に流れが止まってしまうか、いくつかのポイントを挙げておく。

- 時間の流れが逆転する
- 論理関係が変わる

- 視線や視点が変わる
- 横道に逸れる

　通常、時間の流れを頭の中で追っていき、それをそのまま表現すれば、文章の中でも時間の流れが逆転してしまうことはない。ところが、書き手自身にとって何らかの知識や情報が後から入ってきた場合や、少し例外的な前提が必要な場合、時間の流れを逆転させて書いてしまうことがある。取扱説明書での例を上げよう。

　　(8) 取扱説明書の悪例
　　　1.「表示」タブをクリックします。
　　　2.「イラストの挿入」を選択します。
　　　3. ……
　　　［注］「テキストモード」になっている場合は、上記の操作はできません。

　これは架空の製品だが、この製品のユーザーが「テキストモード」にした状態でこの操作をしようとした場合、最後まで読まなければ、自分の操作がうまくいかない理由がわからない。それならば、最初に［注］の部分を操作に入れてしまうべきだろう。

　　(9) 取扱説明書の改善例
　　　1. モード選択画面で「テキストモード」以外のモードを選択します。
　　　2.「表示」タブをクリックします。
　　　3.「イラストの挿入」を選択します。
　　　4. ……

　2番目の、論理関係の問題は、賛成と反対、長所と短所、など相反する点を

逆接によって述べるときに起こることが多い。たとえば、次のような場合である。

> (10) この商品は、値段は高いが、品質は良い。しかし、国内では売っているところが少ないのが問題だ。とは言え、個人輸入すればなんとか手に入るだろう。ただ、その場合、メンテナンスは諦めなければならない。だが、輸入したほうが価格が安いので、結局は元が取れる。

このような場合、メリットとデメリットをそれぞれまとめてしまった方が読みやすい。

> (11) この商品は、品質が良いし、安く個人輸入もできる。ただ、国内では売っているところが少ないし、個人輸入の場合、メンテナンスしてもらえないのが難点だ。

3番目の視線・視点も論理関係と似ている。視線が変わってしまう典型的な例は、次の文章のように、主語が何度も入れ変わる場合である。

> (12) 太郎と花子が一緒にトレーニングルームに行った。太郎はまずダンベルを上げた。花子はストレッチから入った。太郎は次にマシントレーニングを始めた。花子はジョギングコースをゆっくりと回った。太郎は…。

太郎への視点と花子への視点が入れ替わっているために読んでいて落ち着かない。次の例はどうだろうか。

> (13) 急行列車が私の頭の上の鉄橋を渡ってホームへ向かっていった。

そして明子が立っているホームへ入ってきた。

この文章の不自然さも視点の問題である。(12)では見る対象があちらこちらへ飛んだために落ち着かなかったが、(13)では見る対象は常に列車であり一定している。それにも関わらず、不自然であるのは、それを見る人物が移ってしまっているからである。その理由は最後の単語「きた」にある。1文めの視点は、鉄橋の下にいる「私」であったのに、「きた」という語によって2文目の視点はホームにいる「明子」に移っている。これを「いった」にすれば、視点は安定する。ただし、この場合、「私」は「明子」がホームに立っていることを知っていることが前提となる。

(14) 急行列車が私の頭の上の鉄橋を渡ってホームへ向かっていった。列車は明子が立っているホームへ入っていった。

「行く」「来る」「与える」「もらう」「上がる」「下がる」など方向性のある動詞を使う際には、知らない間に視点が移動してしまわないように気を付けたい。

また、否定が繰り返されることも視点が変わる一例と言えよう。たとえば次のような文である。否定を繰り返すことによって、視点があちらこちらに飛び、非常に理解がしにくい。

(15) 経営者は、自分たちの主要な顧客の要求を最初は充たすことは<u>ない</u>新しいテクノロジーを<u>無視</u>することの<u>ない</u>よう用心しなければなら<u>ない</u>。

「充たすことはない」と「ことのない」の2つの否定が入っている上に、「無視」という否定的な意味を持つ単語があり、さらに形の上で「ない」を伴う「なければならない」が入っているために、非常に読みにくい文になっている。

さらに、文の中に文がある場合も、視点が重層的であるという点でわかり

やすさを妨げる。たとえば、次のような文である。

(16) 昨日母に頼まれて買い物に行った先で久しぶりに会った同級生が10月から名古屋に転勤することになったと聞いたので、我々が学生時代によく飲んで今は代替わりしてしまった居酒屋の支店でお別れ会をすることになった。

最後の「横道に逸れる」という点は、本筋として説明しようとしている点を放り出して、別の話をし始めるような場合である。雑談であれば、それが一つの面白みとなるが、伝えるべき情報や知識が明確な TC においては妨げとなる。たとえば、筆者がかつて経験した例では、Excel を使った統計のセミナーを聞きにいったときに、講師がなぜか途中から Excel の使い方を教え始めた。このセミナーを聞いている聴衆はすでに Excel の使い方は知っているはずだから、非常に時間が無駄になったし、わかりにくかった。説明するべき内容の本筋から外れても、注意書きを入れたい場合は、脚注・文末注・括弧書き程度に留めるべきだろう。もし入りきらないとすれば、それは注として入れるべき内容ではない。全体の中で1つの節や章を立てて述べるか、逆に、全く触れないかのどちらかである。

2.5.5 見やすさ・聞きやすさを考える

前述したように、現在の TC は、ほとんどが、視覚と聴覚を媒体とする。そのため、ここまで述べてきたような方略をもってわかりやすい文書を書いたとしても、それが視覚的に感知できなければ意味をなさない。印刷がかすれていたり、パワーポイントの字が小さくて見えにくかったりするのは論外だが、色使いを工夫して楽しい雰囲気を出したつもりが、何が書いてあるかわからなくなってしまうようなこともありえる。受信者分析という観点からは、高齢者が使う可能性のある製品の取扱説明書では、文字の大きさなども考慮しなければならない。

また、人間の目は、左上から右下への動きが最も自然であると言われている（Coe1996：p.259）。実際に、非常に素早く眼球を動かしてみたとき、上から下への動きは下から上への動きに比べて何となくスムーズであることが実感できる。また、左右については、利き目によっても異なるかもしれないが、筆者の場合、左から右のほうが、右から左よりもスムーズである。文書のレイアウトの際には、その目の動きをベースにして、グラフィックは左側に、文章は右側に置いたほうが読みやすいとされる。

以上、本章では筆者が考えるわかりやすさのストラテジーの基本を紹介した。文章を書くための参考書は数多く出版されているので、ここで紹介したストラテジーの応用や実践は、そういった書籍を参考にしていただきたい。

本章の参考文献

Coe, Marlana.(1996) *Human Factors for Technical Communicators.* Wiley Computer Publishing.

Watzlawick, Beavin & Jackson.(1967) *Pragmatics of human communication : A study of interactional patterns, pathologies, and paradoxes.* New York : W.W.Norton & Company, Inc.

岡部朗一(1993)「コミュニケーションの定義と概念」橋本満弘・石井敏編『コミュニケーション論入門』桐原書店：54-74.

河東束雄(1998)「テクニカルコミュニケーションにおける問題点」『社会科学年報』第32号：393-401.

森口稔(2007)「TC的観点から見た電子辞書UIの比較」『テクニカルコミュニケーションシンポジウム2007論文集』：11-15.

森口稔(2010)「TCビジネスの今後の可能性について」『テクニカルコミュニケーションシンポジウム2010論文集』：28-32.

森下正修・苧阪直行(2005)「言語性ワーキングメモリーにおける情報の貯蔵と処理」『心理学評論』Vol.48, No.4：455-474.

3 言語表現の周辺

Language is the dress of thought. —— Samuel Johnson
（言語は思考の衣服である。）

TCが伝えるのは言葉ではなく中身である。しかし、そのためには、その内容に被せる言葉自体についても知っておくべきだろう。本章では、情報・知識の収集、言語理論、表現の正しさ、比喩、暗黙知とクオリアなど、言語表現の周辺事情を考える。

3.1 情報・知識の収集

　言語表現のためには、その表現すべき内容がまず存在する。しかし、TCでは伝えるべき情報・知識が手元にあることが前提となるためか、TCのノウハウについて書かれた書物、たとえば、テクニカルコミュニケーター協会編『日本語スタイルガイド・第2版』などでも、情報や知識の収集については触れられていない。手元の情報や知識の中から、必要なものを取捨選択し、配列を考えて、表現するのがTCの基本だから、当然とも言える。しかし、それは一種の理想状態であって、実際の業務に当たっては情報が十分でないことのほうが多い。それに対してテクニカルコミュニケーターはどのように対処すべきだろうか。情報収集の効率的な収集については多数の書物が出版されているので、ここで長々と述べるつもりはないが、次の点だけは押さえておきたい。

　　　A. 情報や知識を得る目的を意識する
　　　B. 情報や知識のありかを知る
　　　C. 理解力をつける
　　　D. 発信元を記録する

E. 情報を疑う

　Aでいう目的とは自分自身の目的ではなく、受信者・読者が文書を読む目的である。2章で述べた受信者分析とも重複するが、テクニカルコミュニケーターは、情報や知識を収集する時点で、既に読者の目的を意識しているべきだろう。そうでなければ、極端な話、テクニカルコミュニケーター自身の興味に流されて、情報や知識に偏りができてしまうという事態にもなりかねない。

　Bの「情報のありか」と聞くと、まず思い浮かべるのはインターネットであるが、闇雲に検索エンジンに頼るのではなく、それぞれの分野に関する信頼するホームページは知っておきたい。たとえば、官公庁、業界団体、学術団体などにはその分野の基本となる規則や考え方が載っているし、国立国会図書館のホームページ (http://iss.ndl.go.jp/) では、広範囲の書籍や雑誌記事が検索できる。さらに、知り合いの中では、誰が良く知っているか、どの本に載っていそうか、どこに行けば実物を見ることができるか、などについてもアンテナを張っておかなければならない。

　Cの理解力をつける方法は、端的に言えば、普段からの思考訓練しかない。常日頃から思考訓練をしていれば、自分にとって馴染みのない分野の文書であっても何とか論理が理解できる。論理が理解できれば、専門的な

> **情報収集はつらい？**
>
> 筆者がメーカー勤務からフリーランスになったときに、「これは楽だな」と思ったことが一つだけある。情報収集である。メーカー内部では情報の出先が決まっていない。ソフトウェアのバグが見つかったり、ハードの不具合があったり、バンドルソフトが急遽仕様変更したり、営業から要望が出たり。しかも、それらの情報がスムーズに伝えられることが少なく、社内の雲行きを見てこちらから確認に出向かなければならないこともあった。それに比べて、フリーランスになった場合、クライアント側の窓口は通常一人である。情報がなければ書けないのは先方もわかっているので、情報が足りないことを伝えた後は、待っているだけで良い。ただし、それによって締め切りが延びるということもないのだが……

概念もわかりはじめ、相乗効果で理解が深まる。筆者自身の経験で言えば、紡績会社が特殊な糸の紡ぎ方を開発したことに関する論文や生産ロボットの制御プログラムに関する取扱説明書の英文ライティングをしたことがある。その仕事に取り掛かるまでは、紡績技術や生産ロボットに関する知識はなかった。それでも、クライアントに質問し、自分で参考文献を見つけて読んでいくことで、時間はかかったがなんとか内容を理解できた。この点で、テクニカルコミュニケーターに求められるのは、論理的思考力と調査力だが、逆に、クライアントに対しては、十分な時間とそれに見合う報酬を支払うべきであると要望しておきたい。そうでなければ、つまり、依頼先を費用だけで選んでしまえば、仕様書の文体とレイアウトを変更しただけのような取扱説明書や、縦の物を横にしただけのような意味不明の翻訳ができあがり、結局はクライアントの損失となる。

　さらに、必要な情報や知識を得て、それを書いてしまえば終わりというわけではない。それから先、読者または自分が、その情報や知識の出所を明示しなければならない事態になることもありえる。そのときのために、情報の出典をどこかに記録しておくべきである (D)。本書のように、情報の出典を「参考文献」という形で文書内に書いておくことも可能であるし、文書内に書かない場合も出典は記録や保存をしておくのが良いだろう。

　最後に、時には情報を疑う必要もある (E)。入手した情報が他の情報と矛盾していたり、既存の知識体系と整合性が取れなかったりする場合は、その情報が本当に正しいか疑う必要があるだろう。そしてその確認のためには、BやCに戻らなければならない。

　BCEについては、実際に心がけている実務者も多いと思われるが、目的を意識すること (A) と発信元を記録すること (D) は意外と忘れがちではないだろうか。特にDは、プロとしての仕事に信頼感を与えるものとして意識しておきたい。

3.2 言語の理論について

3.2.1 言語の理論の必要性

　本書の目的の一つはテクニカルコミュニケーターの理論武装である。TC実務に職人芸的な面があることは否めないが、同じ職人芸であっても、それを裏打ちする知識があるとないとでは安定感に差が出てくる。たとえば、タクシーやトラックの運転を職業とする人たちは、自動車の運転に長けているだけではなく、自動車そのものに関する知識を持っている。自動車工学の細かな知識はないとしても、故障に対応したり、より使い勝手の良いように工夫をしたりする知識は、素人に比べて持っていなければならないだろう。普段タクシーに乗った時に運転手と自動車についての話をすることはないだろうが、もしその運転手がエンジンやブレーキの構造を知らなかったとすれば車を降りたくなるのではないだろうか。言語表現を乗り物にたとえれば、TCの実務者はプロのドライバーである。言語表現のわかりやすさは、車の乗り心地に譬えて良いかもしれない。快適な乗り心地の基礎には、言語についての理論的な知識も必要となる。言語学者や自然言語処理技術者のような言語についての専門的知識は必要ないとしても、社内の他部署やクライアントから表現についての疑問を提出されたときに的確に答えられる程度の理論は知っておきたい。

　ただ、言語理論の各分野で蓄積された知見は膨大なものであり、それらを詳述することは本書の枠組みを超えることになるし、能力的にも筆者には不可能である。ゆえに、ここでは、参考として、言語研究全体の見取り図、日本語の特徴、言語学のスタンスなどを紹介するに留める。

3.2.2 言語研究の見取り図

　言語にはいくつかの階層がある。最も基本的な階層は、話し言葉ならば音、書き言葉ならば文字であり、それらが組み合わさって単語になり、単語が連

結して句や文になり、文が1つの塊となって文章や会話になる。言語の理論的研究は、主にこの階層に基づいて進められていると考えてよいだろう。

　まず、音は、音声学（phonetics）や音韻論（phonology）といった分野で扱う。音声学は、人間が言語として使う音そのものの研究である。たとえば、世界中のどの言語であっても、息を吸うときに音を出すことはしない。また、日本語のラ行の音と英語のrやlの音の違い、音波としての声なども音声学でわかってくる。音韻論のほうは、言語における音の区別を扱う。たとえば、同じ「す」という音であっても「すいか」の「す」と「～です。」のように文の最後に来る「す」では、多くの場合、音声的に異なる。「すいか」の「す」は有声音であり、文末の「す」は無声音が普通である（ただし、関西方言などでは有声音になることも多い）。しかし日本語ではこの2つの音声を区別しない。逆に、「灯籠（とうろう）」と「徒労（とろう）」と寿司の「トロ」のように、長音と短音は区別する。ところが、英語ではこの区別があまりされないために、英米人にこの発音をさせるとどれも「toro」と言っているように聞こえる。ただ、大まかに言って、日本語は英語や中国語に比べて区別する音が少ない。たとえば、英語の [æ] [ə] [ʌ] は、日本人にとってはすべて「ア」に聞こえるし、中国語の [s] [sh] [x] は日本語のサ行に聞こえる。そういった点は知っておいてよいだろう。今後TCにも音声入力や音声合成が関わってくると思われるが、その技術は音声学や音韻論の知見とも関連することになる。

　文字の研究には、漢字の起源や正書法（orthography）の変遷など歴史的なアプローチ、漢字の使用実態や漢字教育などの現状調査、文字コードや読みやすいフォントなどの技術的方法論などがある。TC実務という点では、表記の問題が大きく関わる。漢字を使うか、仮名を使うか、アルファベットを使うか。漢字を使った場合、常用漢字に収めるか、それ以外の字も使うか。送り仮名はどうするか。カタカナを使った場合、長音をどうするか。こういった表記が、絶対的なものでなく、時代・分野・組織によってバリエーションがあることは、使用実態の調査などから浮かび上がってくる。「ユーザー」か「ユーザ」か、などはまさに時代や組織によって異なる代表的な例である。ま

た、文字コードや読みやすいフォントは言語学と言うよりは、情報処理や心理学の知識であるが、こちらも TC 実務には直結する。光学式文字認識装置 (OCR：optical character reader) も文字処理の一つの成果と言える。

　単語についての研究は、単語の形を分析する形態論 (morphology) と、単語の意味を分析する語彙意味論 (lexical semantics) に大きく分かれる。欧州言語では分かち書きをしているが、日本語や中国語では分けていないため、どこまでを単語とするかが問題となる。また、文の中での位置によって動詞の語尾が変化することを、日本語では活用形、英語では変化形と呼ぶのが一般的であるが、これらは言語学用語では屈折と呼ばれる。この単語の区切りや屈折についての規則などは、形態論の範疇である。また、漢字の熟語の場合、文字と文字の関係が様々である。たとえば、「登山」「国語」「最強」「左右」は分解すると、それぞれ「山に登る」「国の語」「最も強い」「左と右」となり、最初の漢字と 2 字目の漢字の関係が異なる。こういった単語の中での文字の関係も形態論と言える。ただ、漢字のような表意文字の場合は、それ自体が意味を持っているために、語彙意味論との境界線も若干曖昧になってくる。語彙意味論は文字通り単語の意味と使い方の研究である。たとえば、「本」という単語は、紙を何枚も重ねて綴じた物理的実体であり、そこには通常何らかの情報や知識が印刷されており、それは、著者が書いて、出版社が出版し、書店が売り、読者が読むものである。そういった本の意味をどのように記述するか、また、その意味があるために、どういう語と結びつき、どういう語と結びつかないのか。「本を積み重ねる」「本を書く」とは言うが、「本を食べる」と言わないのは、本自体の意味と関わる。語彙意味論はそういった点についても議論する。翻訳ソフトにおいて play tennis と play the piano の play を訳しわけているのは、こういった語彙意味論の成果を利用している。

　単語が文を形成するわけであるが、その文の研究には、構造、意味、意図の 3 つのアプローチがある。まず、文の構造では、たとえば、日本語ならば、動詞や形容詞からなる述語は文の最後に来るが、英語では主語の次に来る。また、英語では必ず主語と動詞が必要だが、日本語は必ずしもそうではない。

さらに、日本語の助詞は名詞の後に来るが、英語の前置詞は名詞の前に来る。それが基本であり、たとえば、次のような文は日本語や英語として正しい構造になっていない。

へ東京は彼女、行った昨日。
Tokyo to she yesterday went.

このような文の構造を研究する領域が統語論(syntax)である。パソコンで「syntax error」というメッセージを見ることがあるが、あれはコンピューター言語における構造が間違っているというメッセージであり、人間の話す自然言語とコンピューターのための言語の接点が見える瞬間かもしれない。また、日本語の語順は、英語に比べて、かなりゆるやかであるため、構造に幅ができる。結果としてわかりにくい文が表出されることにもつながる点は、よく経験することである。この統語論も翻訳ソフトなどの自然言語処理技術の基礎となっている。

　いわゆる文法(grammar)には、この語順に関する規則に加えて、機能語の使い方と句読法がある。機能語[1]とは、それ自体では意味する内容を持たず、他の単語同士の関係を明確にする語である。日本語では助詞や助動詞、英語では冠詞や前置詞がそれに当たる。助詞については、別途次項で取り上げる。句読点の中で悩むのは読点「、」だろう。原則としては意味が途切れるところに打つが、どの程度の意味の塊を読点で区切るべきかは、一定していない。英語の場合は、上述したように語順が厳密であり、かつ、単語と単語の間に空白があるためにカンマ(,)の使い方もかなり規定されている。日本語では、文全体の長さ、意味の結びつきの強さ、文字、文体などに左右されざるを得

---

[1] 参考までに、機能語の対立概念は、内容語と呼ばれるグループで、品詞で言えば、名詞、動詞、形容詞などがこれに入る。文字通り、その単語一つだけで意味する内容を持っている語である。内容語はさらに一般語と専門用語に区別できる。専門用語については、第5章で詳述する。

3.2 言語の理論について

ない。

では、次の文はどうだろうか。

　　色のない緑の考えが獰猛に眠る

これは、生成文法理論で有名なチョムスキーが提出したColorless green ideas sleep furiously の日本語訳である。日本語の構造として問題はない。助詞は名詞の後に来ているし、動詞も文末にある。ところがこの文は何を意味しているのかわからない。つまり、構造が文法的に正しいだけでは、文は意味をなさない。どうやって文が全体の意味を形成していくか。これが文に関する意味論（semantics）の研究領域である。

次の疑問文はどうだろうか。日本語は主語を省略しても構造に問題はないし、終助詞の「か」がなくても疑問文と理解できる。意味論的な問題もない。

　　100円ある？

しかし、この話し手はどういう意図でこの文を発したのだろうか。自分が何かを買うときに100円分足りないので、借りようとしているのかもしれないし、100円ロッカーを使おうとしている聞き手に自分が100円玉を貸そうとしているのかもしれない。また、数

将棋の駒と勝ち方

将棋を指すにはまず駒の動かし方を知らなければならない。しかし、駒の動かし方を知っているだけでは将棋に勝てない。実際に将棋を指す場合には、人によって好きな駒が違うだろうし、作戦も異なる。言葉も将棋に似たところがある。駒の動かし方に当たるのが、文法や単語の知識であり、言語知識（competence）と呼ばれる。しかし、言語知識があるだけではまともなコミュニケーションは取れない。将棋の作戦に相当するのが言語運用（performance）であり、この言語運用を研究する分野が語用論である。さらに、この考え方はマニュアルにも応用できる。製品の機能についての知識はcompetenceと言えるが、ユーザーが状況に合わせて使いこなす方法はperformanceになる。これからのマニュアルはcompetenceからperformanceへと記述が移っていくべきなのかもしれない。

十円の買い物をさせるために100円玉を渡した子供に対して、その100円玉を確認させるために聞いているかもしれない。いずれにも共通して一つ言えるのは、話し手は聞き手が100円玉を持っているかどうかを純粋に質問しているだけに留まらないということである。また、その解釈によって100円玉自体の動きが全く異なってしまう。つまり、解釈によって、100円玉は話し手から聞き手に渡される場合も、その逆の場合もありえる。

このように、実際の状況や文脈を考慮して、話し手の意図を研究するのは、語用論（pragmatics）と呼ばれる領域である。通常のコミュニケーションでは、文の意味が分かれば話し手の意図も理解できることが多いが、意図の理解に食い違いが起きたときに、人間はえてして争いになる。また、マニュアルの場合であれば、ユーザーは「機能は理解したけど、いったい何に使えるんだ？」ということになる。そういう意味で、語用論はTCにとっても重要と言えるだろう。

単語から文の段階へ進んだが、一つ補足しておきたい。一昔前の言語学では、文法や単語を知っている母語話者[2]は自由に文を作っていると考えられていた。しかしながら最近の言語学では、「何千あるいは何万という「既成の語結合」を繰り返し使っているか、あるいはその一部を変化させて使っているにすぎない」という考え方が主流になってきている（南出2011）。

さらに、1つの文ではなく、文章や会話全体の構造や機能の研究は、談話分析（discourse analysis）と呼ばれる。一般的な意味で「社長の談話」などという場合の「談話」とは関係なく、1つの集合としての文章もしくは会話と考えれば良いだろう。談話分析は、社会学や文化人類学を基盤として生まれ、談話をコミュニケーションの単位と考えて、談話の進め方の男女による違いなどを研究する（Tannen1990）。言語学では、主に、文の形式や単語に着目し

---

[2] 言語研究や言語教育においては「母国語」とは言わずに「母語」（mother tongue）という用語を使う。国内で多くの言語が使われている国の場合などを考慮すると「母国語話者」という用語が適切でないことがわかる。日本においても、たとえば、日本で生まれ育った在日韓国人の「母国」は韓国であるが、「母語」は日本語である。

ながら、談話の展開を分析する。たとえば、砂川 (2005) は、主語が、「…は」で表現される文、「…が」で表現される文、「〜のは…だった」で表現される文、「〜のが…だった」で表現される文の4つの場合を設定し、それぞれの後の談話の展開が異なることを実験によって示している。談話分析の研究結果をそのまま TC に当てはめることができないとしても、文章の展開に関する研究が存在することは、一つの参考となりえるだろう。

TC に直接の応用は利かないかもしれないが、ほかにも、社会言語学、認知言語学、心理言語学など、言語に関する様々なアプローチがある。付録に筆者がこれまでに読んだことのある書籍をいくつか紹介しておくので、参考にしていただきたい。

3.2.3 日本語の助詞

前項で機能語という文法用語に触れたが、日本語の機能語である助詞についてもう少しだけ述べておきたい。日本語の場合、英語に比べて語順の縛りが緩いので、文法においては助詞が重要な役割をする。ところが、我々は助詞を無意識に使いこなし、話し言葉では頻繁に省略してもいるため、それぞれの助詞の機能を説明するように求められても、意外とできない。しかし、テクニカルコミュニケーターとしては、たとえば、仮に同僚やクライアントから「なぜここでは"が"ではなく"は"を使っているのか」というような質問を受けたとき、明確な解答ができるようにしておきたい。本節では、TC の実務で話題になりそうな助詞のペアをいくつか取り上げ、それぞれの違いを簡単に解説する。

まずは、簡単に助詞の種類と機能を示しておく。

- 格助詞（文の中の名詞の役割を示す）：が、の、を、で、から、に、へ、等
- 副助詞（前の語に対する話者の主観を加える）：は、も、さえ、だけ、等
- 接続助詞（節と節を連結する）：が、から、ながら、等
- 終助詞（文の内容に対する話者の態度を示す）：か、ね、よ、等

4種類の助詞を挙げたが、(　)内の機能説明は非常に大まかである点と、上記の分類以外にも「並立助詞」「係助詞」「とりたて助詞」「間投助詞」など、用語や切り分け方には諸説ある点は断っておきたい。また、「から」のように、1つの助詞が複数の機能を持つこともある。

では、問題となりそうな助詞のペアを見ていこう。

「は」と「が」

「が」は格助詞として主格または排他を示す。「は」は格ではなく、主題または対比を示す。対比を示す場合は、格助詞の後ろに来ることもある。

　　　あるところに、お爺さんとお婆さん<u>が</u>住んでいました。〔主格〕
　　　私<u>が</u>社長です。〔排他〕
　　　社長<u>は</u>私です。〔主題〕
　　　京都 (へ)<u>は</u>行ったが、名古屋 (へ)<u>は</u>行かなかった。〔対比〕

「主格」はある動作や行為を行う主体を指し、「排他」は「ほかならぬ」というニュアンスを含む場合の使用である。一方、「主題」はそれまでの話の中で1度出てきたものを取り上げる場合になる。たとえば、「お爺さんとお婆さん<u>が</u>住んでいました。」の次の文では、「は」が使われる。

　　　お爺さん<u>は</u>山に柴狩りに、お婆さん<u>は</u>川に洗濯…

「が」の主格と排他、「は」の主題と対比、どちらも実際には明確に区別できない場合もあるが、それぞれの助詞が異なる機能を持つ点は押さえておきたい。

「から」と「ので」

いずれも原因や理由などを表す点は同じである。しかし、「から」が話し手

の主観的判断を表す場合が多いのに対し、「ので」は客観的な因果関係がある場合に使うことが多い。また、前の節が推量の場合、「ので」は使えず「から」を使う。逆に、丁寧な表現の場合、「から」を使うと少し押しつけがましいニュアンスとなる。以下のそれぞれのペアのニュアンスを比較されたい。

  彼は一生懸命練習した<u>から</u>、優勝することができた。
  彼は一生懸命練習した<u>ので</u>、優勝することができた。
  寂しいだろう<u>から</u>、手紙を書くよ。
 ×寂しいだろう<u>ので</u>、手紙を書くよ。
  差し支えがあります<u>ので</u>、ご遠慮しました。
  差し支えがあります<u>から</u>、ご遠慮しました。

「と」と「や」

 「と」と「や」についても無意識に使い分けていることが多いが、「と」が代表的な例をすべて挙げるのに対し、「や」は、代表的な例を挙げて他の例があることを暗示している。

  スーパーで肉<u>と</u>野菜を買った。
  スーパーで肉<u>や</u>野菜を買った。

「よ」と「ね」

 書き言葉では通常「か」以外の終助詞が使われることは少ないが、日本語に関する一つの知識として簡単に触れる。「よ」は聞き手が文の内容を知らないという前提のときに用いる。「ね」は聞き手が文の内容を知っているという前提で同意を求める。

  雨が降ってる<u>よ</u>。
  雨が降ってる<u>ね</u>。

以上、ここでは非常に簡潔にまとめたが、助詞は日本語文法研究においても大きなトピックの一つである。たとえば、「は」と「が」については野田 (1996)、終助詞については神尾 (1990) などがある。興味のある方は参照されたい。

3.2.4 言語学のスタンス

　米国の大学院で学んでいたときの話だが、先生が言語の変化に関する興味深い調査について話をしてくれたことがある。日本語でもそうだが、米国においても、若者を中心に、次々と新しい表現が生まれてくる。その新しい表現をどの程度許容するかという調査を行った際、最も厳しい回答をしたのが高校の英語教員であり、最も許容度が高かったのが大学の言語研究者だったというのである。この話は授業の中の雑談程度のものであり、情報の出典を示したわけでもなく、また、ほかにどんな職業の人間に調査をしたのかもわからなかったが、感覚的にはどことなく納得が行く。米国における英語教員とは、つまりは日本でいう国語教員であり、生徒の言葉遣いには厳しい目を向けるのであろう。一方、言語学者は、あるがままの言語の生態を研究しようとするため、余程に基準から離れたものでなければ、許容してしまう可能性が高い。言語に対する前者のような態度を規範主義、後者のような態度を記述主義と呼ぶ。言語研究は、現在は記述主義を標榜しているが、最初は規範主義からの出発だったと言っても良い。辞書編集、特に外国語の辞書の編集に際しては、現在も、規範主義と記述主義の狭間で葛藤が続いている。

　TC はその性質上、規範的である。言語学の成果を知り、それを TC に応用する場合も、こういった言語学のスタンスは知っておくべきだろう。

3.3 正しさとわかりやすさ

3.3.1 正しい言葉とは何か

　前節で取り上げた規範主義とは、別の言葉で言えば「正しさ」の追求と言える。TCの目指す方向は、「わかりやすさ」であるが、では、「正しさ」と「わかりやすさ」はどのように関連するのだろうか。本節ではそれを考える。

　最初に言えることは、「正しさ」が常に「わかりやすさ」の条件だとは限らないという点である。正しくないことがわかりやすさを阻害する場合も確かにあるが、正しければわかりやすいわけではないし、正しくなくともわかりやすいこともある。

　では、まず、言語表現としての「正しさ」とは何か。上述したように、現在の言語学が記述主義であるということは、実は、正しさについての明確な判断基準を持っていないことにもつながる。言語学では正しくない文を「非文」と呼び、従来の研究は、研究者自身が自らの直観に従って非文であるか否かを判断して進められてきた（金水2000）。しかし、この方法論については「言語使用者の直観がどの程度信頼できるかについて、かなりの不信感」(p.67)があることを、田窪(1997)も指摘しており、実際、川岸(2002)が触れる次のような状況が起こりうる。

> ひとりの研究者がある文を非文であると主張して論を展開しようとしても、別の研究者はこれは非文ではないと主張し、たいていの場合議論は平行線をたどる。…このような論争が繰り返されるのは、非文というものの定義や非文という現象自体についての考察が充分ではないことにその原因がある。(p.55)

　さらに、「研究会などで人々のやり取りを聞いていると、文法性判断がその場の雰囲気や相手との人間関係に左右されているのではないかと憶測したくな

るようなことさえある」(田野村 2004: p.25) らしい。このように、研究者自身が非文であるかどうかを判断する際の問題が指摘されているにもかかわらず、「正しさ」自体についての研究は多くない (轟 2001)。

こういった状況に対する一つの解決策は、多数決の原理である。権威ある学者が何と言おうと、文法書や辞書に何と書かれていようと、大多数の人間がある言語表現を使い始めれば、それは正しい表現となる。その多数決の原理を判断する道具として、近年、言語研究や辞書編纂で盛んに使用され始めているのがコーパスである。コーパスとは、実際に書いたり話したりされた言語をコンピューターで検索できる形で蓄積した大規模テキストデータベースである。英国では既に 10 年以上前から大規模なコーパスが編纂されており、国内でも現在は国立国語研究所が中心となって作成した「現代日本語書き言葉均衡コーパス」が無料で公開されている (http://www.kotonoha.gr.jp/shonagon/)。このコーパスは、書籍、雑誌、新聞、教科書、インターネットなどから例文を集め、約 1 億語が収録されている。このようなコーパスを使って、問題となる言語表現の使用頻度や前後の文脈などを調査するのである。

ただ、この多数決も、時代や地域によって一定していない。近頃の例でいえば「ら抜き言葉」が若者の間で広く使われるようになったために一般にも受け入れられ始めていると聞く。しかし、関西方言では筆者が子供のころから普通に使われており、わざわざ話題になったこと自体に違和感を覚えたほどである。また、次の例文における「貴族的の」という使い方は、現代人ならばほとんどの人が「貴族的な」に修正するのではないだろうか。

　　　この品位は単に門地階級から生ずる貴族的のものではない

しかし、これは、夏目漱石の「長谷川君と余」という随筆から抜粋した一文であり、明治時代には正しい表現であったのである。いわば、多数決の原理によって言語表現の正しさが時代によって変化した一例である。

では、「正しさ」と「わかりやすさ」とはどのような関係にあるのだろうか。

3.3.2 「正しさ」と「わかりやすさ」の独立性

　正しいにも関わらず理解が困難な表現や、逆に、理解が可能であっても正しくない表現は日常的に経験する。たとえば、次の文は岩淵他 (1961) がわかりにくい例として冒頭に挙げている文である。

　　エゴの位置するシチュエイションを破壊するためには、自殺まで辞さなかった潔癖さと、通俗性の中に埋没するのを辞さない時代への忠実さとが表裏をなして、それぞれの方向に解体していったところに大正の近代文学の運命があった。

　この文は、前半の修飾句を省略すると以下の文となり、意味的にはまだ理解しがたいものの、文法的に正しいことがわかる。

　　潔癖さと忠実さとが表裏をなして、それぞれの方向に解体していったところに大正の近代文学の運命があった。

　一方、理解が可能であっても正しくない表現としては、北原 (2004) が挙げる次のような例がある。正しくは（　）内の表現である。

　　やむおえない　（やむをえない）
　　こんにちわ　（こんにちは）
　　なにげに　（なにげなく）
　　違かった　（違っていた）
　　二個上の先輩　（二つ上の先輩）
　　昔その公園で遊んだときがある　（昔その公園で遊んだことがある）

　もちろん、正しくないために理解が困難となることも多いが、必ずしも正

しさはわかりやすさの条件ではなく、それぞれがある程度、独立していることがわかる。

3.3.3 わかりやすさに影響する要素

しかしながら、正しくないことがわかりやすさに影響している文があることも事実である。では、どのような要素がわかりやすさに影響を及ぼすのだろうか。

阿部 (1995) によると、人間は、文を理解する際、述語と、それに付随する項によって心の中に一つのイメージを形作っていく。たとえば、「行く」という述語があれば、「誰が」や「どこへ」という情報は必ず必要となる。これらは必須項と呼ばれる。また、文脈によっては「どうやって」「いつ」「誰と」といった情報が必要となることもある。これらは任意の項である。もし正しくないことがわかりやすさに影響する場合があるとすれば、この述語と項の関係を乱す、もしくは、不明確にするような非文だろう。

たとえば、森口 (2005) では、正しくないが、理解可能な文として次のような例を挙げた。

冷蔵庫が小さいですけどいろいろな飲料や食べものを入ってあります。
私は広告写真について非常に趣味がある人です。
女の学生の髪が長くてはいけないしパームするもだめなのです。
入りましてもいいですか。
今、スイッチ、ご飯入れたばっかりやから。

最初の3文は、日本語を学ぶ外国人が書いた日本語であり、後の2文は筆者自身が日常生活の中で遭遇した実例である。この5つの非文が特に文脈がなくとも理解が可能であるのは、問題なく述語と項の関係を推測できるからに他ならない。特に、5文目は項が本来の位置とは逆になっているにも関わらず、我々は意味を推測できる。

正しさとわかりやすさの関係は、非常に興味深いが、それを明確にした文献を筆者はまだ知らない。言語学や認知科学の今後の課題の一つと言えるだろう。

3.4 比喩について

3.4.1 なぜ比喩なのか

　TCで比喩を問題にすることは少ない。いや、それ以上に、実務者の中にはTCでは比喩を使うなと言われてきた人も多いかもしれない。しかし、あえてここで取り上げる理由は2つある。一つには、TC実務の対象領域の中でもかなり大きな分野であり、誰もが使っているパソコンが、比喩の世界であるという点である。「デスクトップ」（＝机の上）、「ファイル」（＝紙挟み）、「Window」（＝窓）と少し考えてみれば、パソコンは比喩表現なしに考えることができないことにすぐに気が付く。もう一つは、人間の「思考自体が比喩抜きには考えられない」という、さらに根本的な理由である。これは後述する「概念メタファー」という考え方に基づく。以上の点から、実際に比喩表現を使うか否かは別として、TCに関連して、比喩について一通りのことは知っておくべきだと考え、ここに紹介する。

3.4.2 比喩の種類

　佐藤（1992）は、主な比喩の方法としては次のような種類を挙げている。以下、その定義を引用しながら、簡単に紹介しておこう。

> 直喩（simile）
> 「XはYのようだ」、「YそっくりのX」…というぐあいにたとえる形式（p.64）
> 雪のように白い肌
> 隠喩（metaphor）

あるものごとの名称を、それと似ている別のものごとをあらわすために流用する表現法（p.101）

君は僕の太陽だ

換喩（metonymy）

ふたつのものごとの隣接性にもとづく比喩（p.140）

お銚子、一本！

あのベージュのスーツは誰だ？

ほかにも、「《いっそう多いもの》を《いっそう少ないもの》のかわりに、あるいは逆に《いっそう少ないもの》を《いっそう多いもの》のかわりにもちいて表現する」提喩や、加えて、転喩、諷喩などがあるが、ここでは取り上げない。

3.4.3 説明のための比喩

TCの説明対象となる動作が、ボタンを押したり、アイコンをクリックするだけであるならば、比喩表現は必要ない。しかし、その範囲を製品の取扱説明書だけに絞らずに、人間の動作や科学的な概念の説明などに広げていくと、直喩を使った表現が役立つことがわかる。たとえば、テニスのサーブを打つ瞬間は「鍋に蓋をするような」要領で行ったり、茶道でお茶を飲むときは「脇の下に卵を1つ挟んでいるような」感覚で飲むと良いと言われる。たしかに具体的な腕の角度を数字で言われるよりもそのほうが実現しやすい。また、化学結合の説明の際に、分子が持っている「手の数」を使うのも一つの比喩である。

3.4.4 概念メタファー

メタファーとは隠喩のことであるが、「概念メタファー」という考え方においては、単なる比喩の手法の一つという以上の意味を持つ。そのためか言語学においてもカタカナでメタファーということが多く、ここではその用語を用いる。

概念メタファー理論では、「人間の概念体系の中にメタファーが存在しているからこそ、言語表現としてのメタファーが可能」（レイコフ＆ジョンソン 1986：p.9）であると考える。つまり、表現するためにメタファーを使っているだけでなく、理解する時点でメタファーに依存しているわけである。たとえば、「時は金なり」というメタファーを我々が持っているからこそ、時間に対しても金銭と同様に「浪費する」「節約する」「なくなる」などの表現が可能となるのである。

前述のように、パソコンにおける比喩表現はすべてメタファーであり、そのため我々はパソコンの操作に関しても無意識に概念メタファーに基づいて理解し、表現している。パソコンに関する概念メタファーの中で、森口（2000）で言及した例を紹介しておく。

「データは書類である」
　我々はデータを書類のような存在と理解しているために、「読み込み」「書き出し」「開く」「閉じる」「切り取り」「貼り付け」といった操作ができる。

「データは液体である」
　意識することはあまりないが、データのもう一つの様相は「液体」である。それ故に、「流し込み」ができたり、「フィルター」を通すことができるし、固まったものを「解凍」できる。

「パソコンは仕事場である」
　パソコンは書類であるデータを扱う仕事場であり、「デスクトップ」（机の上）に「クリップボード」や「メモ帳」を広げることができる。

「パソコンは人間である」
　「クライアント」（依頼主）であったり、「サーバー」（侍者）であったり、それぞれに「アドレス」（住所）を持っていて、仕事をしない時は

「スリープ」し、場合によっては「ウイルス」に感染してしまう[3]。

　パソコンやインターネットに関する概念メタファーはまだまだ存在するだろう。これらに関するTCの実務では、ユーザーが無意識に持っている概念メタファーを見つけだし、それをベースにした説明を進めるのがわかりやすさに繋がっていく。

3.5 伝えられない情報・知識

　1章でTCを定義したが、その冒頭は「受信者の知らない技術的・専門的な情報や知識を、グラフィック・テキスト・音声などを通し、伝える意図を持って、わかりやすく伝える技術を指す」であった。では、TCはどのような情報や知識であっても、伝えなければならないのか、もしくは、伝えることができるのだろうか。本章の最後に、言葉で伝えることのできない情報や知識について考えておきたい。

　一つの例として似顔絵描きを取り上げる。テレビの時代劇や時代小説などで犯人を捜すため、目撃者に顔を思い出してもらいながら似顔絵を描くという場面がある。個人的には以前からこれが不思議でならない。実際に、誰かの顔を思い出しながら、それをプロの画家に伝えて、似顔絵を描いてもらうということが可能なのだろうか。筆者自身は、自分の妻子の顔でさえ、言葉で表現する自信はない。

　別の例を挙げよう。筆者は若いころからクロスカントリースキーを趣味にし、何度か初心者を教えてきた経験もある。クロスカントリースキーはゲレンデスキーと異なり、踵が固定されておらず、また、スキー板の幅も若干狭いため、かなり不安定である。そのため、上りや平地は当然のことながら、斜面を滑り降りる場合も独特のバランス感覚が必要とされる。それはまさに独特であり、初心者を教える際に、「スキーの上に真っ直ぐに乗る」とか「足首

3　我々がコンピューターを人間として理解してしまう理由については、リーブス＆ナス（2001）に詳しい。

を固める」というようなヒントとなる言葉を使ったとしても、筆者自身が身体で覚えている感覚を伝えることはできない。

　つまり、我々は知っているにもかかわらず、それを言葉で表現できない勘やコツというものを多く持っている。別の言い方をすれば、「言語的に形式化されえないが、われわれが日常的に実行可能な諸事項」があるのである（福島2001：p.43）。スポーツの例を挙げたが、それに限らず、杜氏による酒造り、名人による焼き物づくりなど、技術が高度になればなるほど表現は困難になる。これを認知科学では「暗黙知」と呼ぶ。そして福島自身も「この暗黙知の問題は、コミュニケーションとの関係であらわれる。つまりある特定のタスクを、暗黙知の力によって習得している個人が、それを他者にどう伝達するかという問題に関してである。」と指摘している。

　もう一つ、認知科学や哲学の分野で「クオリア[4]」と呼ぶ概念があり、「意識に現れるさまざまな事物や性質」（信原2002：p.178）や「感覚を特徴づける様々なユニークで鮮明な質感」（茂木2006：p.299）と説明される。たとえば、「空の青さ」「ヴァイオリンの音」「餅の食感」など、我々はそれがどのようなものであるかを知っている。それぞれが「海の青さ」や「フルートの音」や「ガムの食感」とは異なることも知っている。しかし、それぞれの感覚がどのようなものであるか、また、類似したものとどう違うかを言葉で説明しようとすると非常に難しくなってくる。

　あるクオリアを受信者自身が経験している場合、その枠組み、つまり「空の青さ」「ヴァイオリンの音」「餅の食感」などの名称を使えば、受信者は瞬時に理解できる。しかし、逆に受信者がそのクオリアを経験したことがなければ、いかに言語による説明を尽くしても主観として理解することができない。我々は医者に行ったとき言語表現によって痛みを訴えるが、仮にその医者が（ありえないことだが）それまでの人生で痛みを経験したことがなけれ

---

[4] 言語学においても Pustejovsky (1995) が qualia という用語を使い、日本語でも「クオリア」と訳されることがあるが、本書で扱う意識の科学におけるクオリアとは捉え方が若干異なるので、ここでは触れない。

ば、患者の痛みのクオリアは理解できないのである。

　ここに挙げた暗黙知やクオリアは、自らの肉体によって経験しなければ理解できないし、理解できたとしても言葉で表現できない。言葉ではなく、グラフィック、合成音、バーチャルリアリティーなどによって何らかの表現ができたとしてもそれは近似的なものでしかないだろうし、それらを使っても「私が受け取った感じ」をそのまま他者に伝えることは不可能と言ってよい。

　一方で、テクニカルコミュニケーターは、表現できない暗黙知やクオリアと、表現できる知識や情報とを明確に区別しなければならない。一般の人々ならば、暗黙知やクオリア（そういう用語は使わないにしても）であると諦めてしまう知識や内容、いわば、疑似暗黙知や疑似クオリアと言えるものが存在する。テクニカルコミュニケーターならば、それが疑似であることを見抜き、できる限り言語化する努力が必要だろう。テクニカルコミュニケーターは安易に「言葉にするのは難しい」と諦めてはならない。暗黙知やクオリアをそのものずばり表現することは不可能であったとしても、我々は、言語やグラフィックによってできる限り、それに近づかなければならないのである。

本章の参考文献

Pustejovsky, James. (1995) *The Generative Lexicon*. MIT Press.
Tannen, Deborah. (1990) *You Just Don't Understand*. Ballantine Books.
阿部純一 (1995)「文の理解」大津由紀雄編『認知心理学3　言語』東京大学出版会: 159-171.
岩淵悦太郎編著 (1961)『新版・悪文』日本評論社.
神尾昭雄 (1990)『情報のなわ張り理論』大修館書店.
川岸克己 (2002)「非文とは何か」『作新国文』第13号: 55-64.
金水敏 (2000)「文法性判断とステレオグラム」『日本語学　新・文法用語入門』第19巻第5号: 42-48.
北原保雄編 (2004)『問題な日本語』大修館書店.
佐藤信夫 (1992)『レトリック感覚』講談社.

砂川有里子 (2005)『文法と談話の接点』くろしお出版.

田窪行則 (1997)「言語学のめざすもの」『岩波講座　言語の科学 1　言語の科学入門』: 45-78.

田野村忠温 (2004)「周辺性・例外性と言語資料の性格」『日本語文法』第 4 巻第 2 号: 24-37.

テクニカルコミュニケーター協会編 (2011)『日本語スタイルガイド・第 2 版』テクニカルコミュニケーター協会.

轟里香 (2001)「言語データの適格性判断に関する一考察」『北陸大学紀要』第 25 号: 161-168.

野田尚史 (1996)『「は」と「が」』くろしお出版.

信原幸弘 (2002)「言語から見た意識」苧坂直行編『意識の科学は可能か』新曜社: 177-200.

福島真人 (2001)『暗黙知の解剖―認知と社会のインターフェイス』金子書房.

南出康世 (2011)「英語学習辞典の新しい流れ」『英語教育』12 月号、Vol.60, No.10: 10-12.

茂木健一郎 (2006)『クオリア入門―心が脳を感じるとき』筑摩書房.

森口稔 (2000)「机の上の箱と壁に開いた窓―メタファーの功罪」『テクニカルコミュニケーションシンポジウム 2000 論文集』: 86-90.

森口稔 (2005)「正しさは理解に影響するのか？ 〜 実験的アプローチ」『テクニカルコミュニケーションシンポジウム 2005 論文集』: 5-9.

バイロン・リーブス＆クリフォード・ナス (2001)『人はなぜコンピューターを人間として扱うか―「メディアの等式」の心理学』細馬宏通訳、翔泳社 (Byron Reeves & Clifford Nass. *The Media Equation: How people treat computers, television, and new media like real people and places.* CSLI Publications,1996.)

ジョージ・レイコフ＆マーク・ジョンソン (1986)『レトリックと人生』渡部昇一・楠瀬淳三・下谷和幸訳、大修館書店 (George Lakoff & Mark Johnson. *Metaphors We Live By.* University of Chicago Press,1980.)

4 TC の現場

Machines are worshipped because they are beautiful and valued because they confer power; they are hated because they are hideous and loathed because they impose slavery. ── Bertrand Russell
（機械が崇められるのは美しいからであり、価値があるのは力を与えてくれるからだ。機械が忌み嫌われるのは、それが醜く、そして、我々に屈従を強いるからだ。）

1章から3章までは、少し理論的な話をしてきたが、ここではTCの現場に立ち戻ってみたい。本書の冒頭に述べたように、本書の目的の一つはTCを一般の人々に知ってもらうことである。TC実務の代表的な例が取扱説明書の制作であるとすれば、その現場を紹介することはTCを把握してもらうためにも、不可欠と言えるだろう。また、本書のもう一つの目的は、テクニカルコミュニケーターの理論武装である。しかし、「理論」とまで言わなくとも、TCの現場を描写し、その状況認識を共有しておくことは意義があるだろう。そういった意図に基づき、本章では、マニュアル作成の現状、ユーザーインターフェイス、他部門へのTCの応用、英語によるTCについて述べる。

4.1 TC の理想とマニュアルの現実

4.1.1 なぜマニュアルはわかりにくいと言われるのか

　TCのプロであるテクニカルコミュニケーターは、2章で述べたストラテジーを駆使して、製品マニュアルを書いている。では、プロがストラテジーを駆使しているにもかかわらず、世間ではなぜマニュアルはわかりにくい文書の代名詞のように言われるのだろうか。本節では、筆者自身の体験を元にその裏話を綴っていく。ただし、筆者がメーカー内でマニュアルを書いていたのは1995年から2000年頃までであり、既に昔話になってしまったことも

あるかもしれない。また、現在もフリーランサーとしてマニュアルを書くことがあるが、外部者であるためにメーカー内部のことは見えにくくなっている。もしかすると、メーカー内では、本節で述べるような TC 環境は既に改善されているかもしれないが、それはそれで喜ばしいことと考えておきたい。

4.1.2 情報・知識を伝える相手を知る vs 誰にでも使ってもらいたい

　製品のマニュアルを作っているのは、言うまでもなく、その製品のメーカーである。メーカーとしては、製品のターゲットユーザーをある程度決めることもあるが、当然のことながら、商売の本音は「できるだけ多くの人に使ってもらいたい」である。事実、筆者が某メーカーで製品マニュアルを書いていたとき、商品企画の担当者に「この製品のターゲットはどんなユーザーか」と聞いたところ「誰にでも使ってもらいたい」という答えが帰って来たことが何度かある。

　つまり、マニュアルの作成は、「情報を伝えるべき相手を知る」ことが必要なテクニカルコミュニケーターと、その相手をできるかぎり特定したくない商品企画担当者の狭間で行われることになる。マニュアル作成の現場では、TC の第一歩である受信者分析の時点で既に躓くのである。

4.1.3 伝えるべき情報・知識を取捨選択する vs 持っている機能はすべて詳細に

　もう一つ、商品企画担当者とのせめぎ合いがあるのが、情報の取捨選択である。受信者分析が充分にできないとは言いつつも、多くのユーザーがよく使いそうな機能はどれで、ほとんどのユーザーは使わないと考えられる機能はどれか、ということはテクニカルコミュニケーターにも想像できる。商品開発の歴史が比較的新しいときには、商品企画担当者とテクニカルコミュニケーターの思惑は一致する。最もよく使われそうな機能を中心にマニュアルを書けば良い。

　ところが、商品の歴史がある程度積み重なってくると、余分な機能が増え

始める。かつてのテープレコーダーしかり、電子レンジしかり、携帯電話しかり、である。使うユーザーがほとんどいないような機能が次々と追加されるにつれて、単純な機能さえあれば良いと思うユーザーの数は増える。ほとんど使うユーザーがいないような機能の説明に紙面を割きたくないとテクニカルコミュニケーターは考えるが、売りになると思ってその新機能を開発した企画担当者や技術担当者は、そこを否定されると立つ瀬がない。だから、ほかの機能と同じように、つまり、従来からあるような、誰もが使う機能と同じぐらいの紙面を割いて、誰も使わない機能も詳細に説明しろ、と要求する。結果として、マニュアルの中では、重要な情報も瑣末的な情報も同じような扱いを受けることになる。

4.1.4 全体像を最初に見せる vs まずは、PL 関係の情報を

　製造物責任法、俗に言う、PL（Product Liability）法は、ユーザーを守るため1995年に施行された法律である。本来はユーザーを守るための法律だったはずだが、現実的にはメーカーの責任逃れの口実となっている感が否めない。マニュアルを開くと、最初の数ページには、この PL 関連の情報が載っている。

　たしかに本当に危険な機械の場合、その情報は最優先されるべきだろう。たとえば、一歩間違えば爆発や火災を起こすような製品、また、人体を傷つける可能性の高いチェーンソーのような製品にとって、その危険性は真っ先にユーザーに知らせる必要がある。しかし、普通に使っていれば危険な状態にならないような一般消費者向け商品で、どこまでそれを強調する必要があるのだろうか。イヤホンを聞きながら自転車に乗るな、SD カードから急に手を離すと飛び出して顔に当たるから気をつけろ、電池の液が目に入ったらすぐに医者に行け、…。果ては、間違った使い方をして怪我をしたり製品が壊れてもお前自身の責任だ、うちの会社には責任はない、とまで書かれているのである。

　こういった製品の場合、テクニカルコミュニケーターは、PL 関連のペー

ジを書きたくて書いているわけではない。それが、PL法を守ろうという会社の姿勢なのである。情報の全体像を最初に見せるという、わかりやすさのストラテジーは後回しにされる。

4.1.5 全体を分割し配置する vs 新機能を目立たせて

　新機能も他の旧機能と同列に扱って記載してほしいという商品企画担当からの要求は、まだ理解できる。もっと問題となるのは、逆にマニュアルの中で新機能を目立たせてほしいという要求を出す企画担当者である。筆者がマニュアルを書いていたとき、さすがにその要求は拒絶したが、マニュアルとカタログの役割が区別できていない企画担当者が存在したことは事実である。

4.1.6 受信者が知っている表現を使う
　　　vs 機能名を付けるのは商品企画担当者か技術者

　5章で詳述するが、受信者の知らない表現とは、いわゆる専門用語である。そして、マニュアルに関連する専門用語とは、すなわち、機能やボタンの名称である。ところが、この機能に名前をつけるのは企画担当者や技術者であり、テクニカルコミュニケーターは与えられた名称をそのまま使わざるをえない。しかし、一般論としては、技術者の言語能力は必ずしも高くなく、その技術者が付ける名称がどのようになるかは想像に難くない（もちろん例外はいくらでもあるが、残念ながら、筆者自身の経験も一般論と変わりはない。ちなみに、筆者が勤務していたメーカーでは、企画担当であっても技術畑出身がほとんどで、言語能力についてやはり高いとは言えなかった）。

4.1.7 複数の解釈ができる表現を避ける vs 1つの用語で複数の意味

　文法的に多義な表現を使ったとすれば、それは、テクニカルコミュニケーターの文章技術が未熟だったことによる。一方、マニュアルの中で、単語が多義性を持つとすれば、通常それは各機能や製品部位の名称が多義性を持つことになる。たとえば、「登録」という語は機能名として多義の例である。デ・

ヤング(1998)は、コンピューターを買ったユーザーがソフトウェアメニューの中の「登録」と製品のユーザー「登録」を混同してしまった例を紹介している(p.252)。また、1つの用語が多義を持つ例のほかにも、同じ機能がメーカーによって異なる名称を持つことは日常的に目にするし、その機能名がどれだけ内容を表しているかという問題もある。詳しくは、森口(1999)に述べておいた。

前項も含めて、もしテクニカルコミュニケーターが機能名をつけることができれば、おそらくマニュアルの難しさも半減するのではないだろうか。繰り返すが、その方法論は5章で詳述する。

4.1.8 見やすさ・聞きやすさを考える vs 見た目に楽しく

見た目に楽しいものが必ずしも分かりやすいとは限らない。たしかに、真っ白な表紙に製品の名前だけ書いてあるような無味乾燥なマニュアルよりは、キャラクターが微笑みかけているような挿絵のついたフルカラーのマニュアルのほうが手にとって見る気にはなるかもしれない。その点を勘違いするためなのか、TC関連の勉強会などにデザイナーやゲーム関係者を呼んできてしゃべらせると、十中八九「マニュアルは面白くない、もっと楽しく」という有難い提言をのたまう。更には「マニュアルにゲームの要素を入れて考えさせれば楽しいんじゃないか」などと暴言を吐く。

たしかに、見た目の楽しさはユーザーがマニュアルを読んでみようという動機づけにはなる。いくらわかりやすい内容を書いたところでユーザーがマニュアルを開かなければ意味がないわけだから、「楽しさ」には価値がある。ただし、その前提は「わかりやすさ」である。「楽しさ」が「わかりやすさ」を生み出すことはない。さらに言えば、楽しそうに見えることが「わかりやすさ」を阻害しないように注意しなければならない。たとえば、楽しそうにページを飾ったために求める情報が見つけにくくなってしまったとしたら、本末転倒だろう。そういった点に細心の注意を払った上でならば、「楽しいマニュアル」も良いかもしれない。しかし、次に述べるテクニカルコミュニケーターの

持ち時間を考えると、現実的には難しい。

4.1.9 テクニカルコミュニケーターの持ち時間

　ここまでは、2章で紹介したわかりやすさのストラテジーと実務現場の状況の乖離について述べてきた。しかし、マニュアルがわかりにくいと言われる理由は、ほかにも存在する。ここからは、それらの問題点を見ていこう。

　まず、メーカーとしては、製品が完成したらすぐにでも出荷したい。そして、出荷時には、当然、製品と一緒にマニュアルが梱包されていなければならない。つまり、本来ならば、完成された製品を実際に使いながら書くべきマニュアルが、完成と同時に出荷される。このため、テクニカルコミュニケーターは未完成の製品を使いながらマニュアルを書かなければならない。

　また、未完成品だから、予期せぬ不具合が出たり、それをカバーするための急な仕様変更が起きたりする。そして、もしその不具合がうまく解決されなかった場合には、マニュアルに「注意事項」として言い訳を書かなければならない。かつて、筆者がメーカー内でマニュアルを担当していたときに技術担当部署の管理職に「よく書けている」と褒められたことがある。何がよく書けていたかというと彼らが解決できなかった不具合についての言い訳がすべて載せられていたからである。

4.1.10 製品自体のわかりにくさ

　上述した機能や部位の名称も含めて、製品自体がわかりにくい場合、マニュアルがわかりにくくなるのは必然である。たとえば、これから操作を「終了」したいと思うのに、「スタート」ボタンを押さなければならないとすれば、人間の直観と正反対の仕様であり、本来ならばわかりにくいことこの上ない（お気づきのように、これは、MS-Windowsの仕様であるが、筆者も含め、ほとんどすべてのユーザーがこの仕様に慣らされてしまったため、その非論理性を意識していないだけである）。また、メニューの中でカーソルを上に動かすときには上向きの矢印キーを使うのに、下に動かすときには下向きの矢印

キーではなく、「戻る」ボタンを押すとしたら、これも人間の直観に合った仕様とは言えない（筆者が使っている Sony 製の携帯電話は実際にそういった仕様になっている）。

　こういった製品自体がわかりにくい場合であっても、ユーザーがマニュアルを見ながら操作した場合、その非難の矛先は製品自体よりもマニュアルに向かう。いわば、マニュアルは使いにくさの濡れ衣を着せられているとも言える。

4.1.11　TC の社会的認知度の低さ

　長々とマニュアルがわかりにくいと思われる理由を述べてきたが、それらの根底にある問題は、TC の社会的認知度の低さにあると言えるだろう。現在、「テクニカルコミュニケーション」という言葉は辞書にも載っておらず、日本の大学で専攻することもできないという状況である。一例として、筆者がかつて勤務していたメーカーを休職して米国に留学し帰ってきたときのエピソードを紹介しよう。配属先の上長に何を勉強してきたか質問されたときのことである。

　　　「アメリカで何の勉強してきたんや？」
　　　「テクニカルコミュニケーションです。」
　　　「ほう、通信か。」
　　　「……」（まあ、communication はそうも訳せるけど……）

90 年代半ばのことであるが、誰もがその名を知っているような大手メーカーの管理職でさえ、TC を知らなかったのである。

　事実、テクニカルコミュニケーターのメーカー内部での地位は低く、他部門に比べて昇進は遅い。また、景気が悪くなれば TC 関連の予算はまっ先に減らされる。同じメーカーの何代か前の社長は「マニュアルがわかりにくいのは、製品を知ってる人間が書いているからじゃないか。それならば、製品を知らない素人に書かせればよい。」という発言をしたという話も聞く。メー

カー内部でもTCの重要性はその程度にしか思われていない一例と呼べる。
　こういった状況が改善され、TCの重要性が社会的に認知されて、テクニカルコミュニケーターがプロとして認められれば、マニュアル制作も自ずと変化すると信じたい。では、テクニカルコミュニケーターは本当にプロと呼べるのかという疑問があるかもしれないが、それについては6章で詳述する。

4.2 マニュアルからインターフェイスへ

4.2.1 ユーザーインターフェイスとは

　近年では「ユーザーインターフェイス」という言葉も少しずつ知られるようになってきているが、一応ここで明確にしておきたい。ユーザーインターフェイスとは、道具を操作するためにユーザーが機械に働きかける窓口となる部分のことを指し、たとえば、テレビのリモコン、マウスでクリックできるパソコン画面、携帯電話の様々なキー、ATMの操作パネルなどがそれに当たる。Interfaceという英単語は、もともと化学用語の「界面」の意味でもあり、たとえば、水と油のように2つの異なる相が接触している境界面を指す。ユーザーインターフェイスは、つまり、ユーザーと道具の接触面を意味することとなる。用語としては、「ヒューマンインターフェイス」「マンマシンインターフェイス」などが、ほぼ同じ意味で使われるが、TCでは「ユーザーインターフェイス」を使うことが多いので、本書でもこの用語を使う（以下、UIと略す）。
　さて、前節では、マニュアルについて悲観的な話をしてきたが、テクニカルコミュニケーターがこの状況を覆す方法の一つが、製品自体のわかりにくさへの介入である。テクニカルコミュニケーターが未完成のわかりにくい製品を横目で見ながらマニュアルを書くのではなく、製品自体をわかりやすくしていこうという動きである。製品と言っても、内部の技術的な問題にTCが入り込むことはできないので、ユーザーが製品を操作する拠り所となるUIの改善であり、その動きはかなり前から始まっている。たとえば、森口

(2008)では、1998年から2007年までのTCシンポジウムでの発表論文について分析したが、その結果、234本の発表論文のうち、84本が紙のマニュアル、52本が制作ツール、48本が電子マニュアル、47本がTCの工程管理、29本がUIに関連する発表だった（1つの論文が複数の項目に関連するため合計は234本を超える）。全体の1割強ではあるが、TC業界におけるUIへの関心を示していると考えてよいだろう。また、直接TCに関係のない識者からもテクニカルコミュニケーターがUIを改良していくべきであるというような意見も出ている（石黒・中谷2011：p.13）。筆者自身も、実務でUI上に表示される用語の策定に関わったことがあり、TCシンポジウムでは、UIに関連する発表を6年間連続で行った（森口1997, 1998, 1999, 2000, 2001, 2002）。本節ではその発表で触れたことも含めて、UIについて考えていきたい。

4.2.2 ユーザーインターフェイスの3つの側面

UIには、感情的・操作的・技術的の3つの側面が存在することから始めたい。

まず、一般のユーザー、特に、購入前のユーザーにとって最も目を引くのは、UIの感情的側面である。つまり、ユーザーが製品のUIを見て「キレイ！」とか「面白い！」と感じるかどうか、である。メーカーの中でも営業やそれに近い部門は、この側面に注目することが多い。次に、実際に機器を使い始めたユーザーとTC関係者にとって重要なのが、UIがどれだけわかりやすく、使いやすいかという点である。UIの操作的側面と言っても良い。最後に、上の二つの側面の実現性を支える技術的側面である。たとえば、コンピューターの画面に日本語を表示する技術がなかった頃は、如何にわかりやすい用語を使おうとしても実現が不可能だったし、音声ガイダンスを入れればわかりやすくなると思っても、音声出力の技術がなければ作ることはできなかった。

現在は、UIの技術的側面が進歩したことによって、情報機器は格段にわかりやすくなった。筆者がコンピューターを使い始めたのは1980年代後半だったが、当時は、UNIXやMS-DOSのコマンドを知らなければほとんど操

作できなかった。その後、WindowsやMacintoshの普及によって、一般の人間にとってコンピューターの操作はGUIが当たり前の時代となった。UIの技術的側面が操作的側面を後押ししてきたわけである。

同時に、UI技術の進歩は、感情的側面をも飛躍させた。画面がカラーになり、音声が入り、画像が動くことによって、UIの「遊び」の部分が拡張し始めた。画面の隅にイルカが現れて使い方を教えてくれたOfficeアシスタントなどはその走りと言えよう。現在では、インターネットからデータをダウンロードして、自分のパソコンや携帯のUIに遊びを加えることは珍しくなくなっている。

では、UIの感情的側面と操作的側面、つまり「面白さ」と「わかりやすさ」の関係はどうか。一定のレベルまでなら、UIの「面白さ」がユーザーの動機付けになり、その動機付けを「わかりやすさ」が受けるという図式が成り立つ。仮に、実際に操作すればわかりやすく作り込んであっても、一見退屈なUIならば、ユーザーは使う前から心理的障壁を持ち、「面白くない＝わかりにくい」と思ってしまうこともある。そういったユーザーを「わかりやすさ」に導くきっかけとしての「面白さ」は評価できる。前述したマニュアルを読もうという動機づけと同じである。

ところが、技術を駆使して不必要に「面白さ」を出しすぎた場合、逆に「わかりやすさ」は阻害される。たとえば、本来2次元で表現すべき情報を、面白くするために立体的にすると、新たに加わった軸にユーザーは何らかの意味づけを求めて混乱する。次のグラフは、不必要に3次元にしたために、厳密な高さがわからなくなっている例である。たとえば、3月の東京は90に届いているのか、4月の名古屋は30を超えているのか、立体で

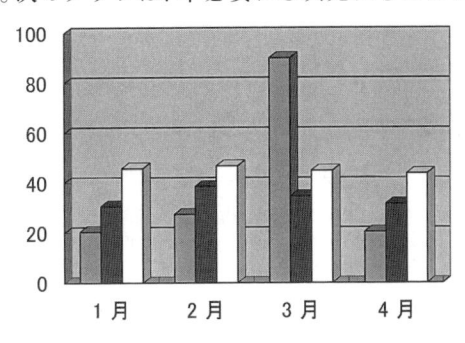

あるがために正確な高さがわからない。

　また、必ずしもわかりにくいわけではないが、UIを面白くしようとしたために煩雑になる場合もある。代表的な例がある種のホームページのトップ画像である。ユーザーがホームページ自体を楽しもうとする場合ならともかく、必要な情報を求めてサイトを訪れるユーザーも多い。その場合、トップページに情報のない、面白さや美しさだけを表現するような動画が入っていたりすると、「スキップ」ボタンを押すことさえ煩わしく、二度とそのサイトを開きたくなることもある。こうなるとホームページ作成者の自己満足と言えるだろう。

4.2.3　商品の役割とUI

　UIを考えるときに、もう一つ考慮すべき点は、ユーザーの生活行動におけるその商品の役割である。石黒・中谷（2011）が「社会の仕組みを感じながら考えながらモノを作るのが、これからの製品開発」(p.7)であることを指摘しているのは、まさにその点である。たとえば、ゲームソフトと電子辞書を比べてみよう。

　ゲームソフトはUIも含めてそれを使うこと自体がユーザーの目的となる商品である。ユーザーはゲームソフトを道具として使うのではなく、それ自体を楽しむために使う。そのためUIの感情的側面の重要性が高く、面白ければ面白いほど良い。仮に格闘技のゲームソフトであっても、人物の戦いだけが表示されるのではなく、その表情や服装、背景、効果音など格闘勝負とは直接関係のない感情的要素がなければゲームを楽しむ気にならないだろう。

　一方、電子辞書はそれを使用すること自体が目的となることはほとんどない。英語を読んでいて知らない単語があるから辞書を引く、漢字を書きたいが自信がないから辞書で確かめる。ユーザーの目的は読み書きであって、辞書を引くことではない。辞書は単なる手段である。手段ならば、見た目にキレイであるとか、使ってみて面白いという感情的側面の重要性は低く、操作的側面の比重が高くなる。2章の受信者分析で述べたことがUIの場合にも同

様であることがわかる。

　その意味で、テレビのようにそれ自体が目的となる機能を抱き合せた電子辞書が販売されたことがあったが、これなどは首をかしげざるをえない。楽しむための製品と、道具となる製品のUIはおのずと異なる方向性を持ち、操作性が悪くなる可能性が高い。恐らく、UIの操作的側面は考慮せず、技術的に実現可能だというだけでこういった商品が誕生したのではないだろうか。

4.2.4　技術者の考えるUI

　では、このUIを誰が考えているかというと、まず、技術者がいる。また、UIの設計が英語ではdesignであるためか、感情的側面を重視するメーカーが多いためか、通常、デザイナーも関わる。当然ながら、彼らのアプローチはテクニカルコミュニケーターとは異なる。以下、コンピューター技術を中心に考えるが、コンピューター制御されている他の多くの科学技術に対しても、同様だろう。

　コンピューター技術の一つの夢は、「人間」を作ることである。それは、廣瀬(1992)の『技術はどこまで人間に近づくか』という書名にも代表されるし、野々垣他(1992)もUIの一つの方向として「コンピュータの中に人間に近い知的なエージェントを実現すること」(p.153)を提唱している。シャンク(1985)はさらに具体的に言う。「コンピュータに日常の言葉で話しかければ応答する。コンピュータに入力したりキイをパンチしたりする必要もなくなるだろう。コンピュータは人間の声で起動し、私たちがコンピュータの方を向いて何かを頼めば、私たちのいうことによく気をつけるようになるだろう」。まるでSF映画を彷彿とさせるシーンだが、これが技術者の追い求めるUIの究極の形であり、人工知能UIと呼ぶことができるだろう。そして現実も既にその方向へ動いている。

4.2.5　「人間」というUIのメリット

　では、技術者の目指す人工知能UIにはどのようなメリットがあるか。人工

知能UIが人間の模倣であると考えるなら,「人間」というUIのメリットを考えればその答も出てくる。以下,JRの切符購入を例に考えてみよう。現在,我々が自動券売機で切符を買う場合,まず,路線図で目的地を探し,その目的地までの値段を確認する。次に,券売機のところに行ってお金を入れ,目的地までの値段が表示されたボタンを押す。また,1万円札しかないときには,1万円札を使うことのできる券売機を探さなければならない。

一方,券売機が普及する前の時代には,窓口で係員から切符を買っていた。当時は,お金を出して行き先を告げるだけでよく,自分で値段を調べたり,ボタンを押したり,1万円札が使える券売機を探したりという手間はかからなかった。このように,ユーザーがタスクのほとんどを任せることができるという点で,「人間」というUIは非常に便利である。

また,人間は,ユーザーが少々間違ってもその間違いを吸収してくれる。たとえば,「五反田」を誤って「ゴハンダ」と読んでも五反田までの切符を売ってくれるかもしれないし,切符を間違って買ったときも,その場で買いなおしが可能だろう。

加えて,人間だからこそ,プラスαのタスクをこなすことも可能となる。たとえば,目的地まで行くのにどこで乗り換えれば良いのか,どの列車が空いているか,など,券売機からは得られない情報を得ることができるし,駅の近所にコンビニがあるかどうかといったことも聞くことができる。

こういったUIとしての人間のメリットをまとめると,主に次の3点に集約される。

　　一任可能性
　　融通性
　　拡張性

「一任可能性」とは,何も考えずに目的地を告げてお金さえ払えば良いように,すべてのタスクを任せられることである。「融通性」とは,ユーザーの操

作に対して、ある幅を持った反応ができることを指す。たとえば、インターネットの URL 入力は 1 字でも間違えば目指すサイトを開くことができず、融通性がない。逆にカナ漢字変換は「翻訳」という漢字を出したいときに「ほにゃく」でも「ほんやく」でも変換してくれ、融通性がある。最後の「拡張性」とは、上記のように、切符を買う以外の周辺的なタスクに対しても対応してくれることに加え、場合によっては、コンシェルジェのように、ユーザーが質問をしなくてもユーザーにとって有益と思われる情報を提示したり、追加のタスクを実行してくれることである。

4.2.6 人工知能 UI の問題点

このように、人間を一つの UI と考えるならば、様々なメリットがあるが、これを人工知能で実現するとなると 2 つの問題が存在する。一つには、本当に人間と同じまたはそれ以上のコミュニケーション能力を持った UI を作ることが可能なのかという点、もう一つは、仮にそれが可能だったとして、そこにデメリットはないのか、という点である。

最初の問題は技術的問題である。シャンク (1985) が提唱するような人工知能 UI の入力は、マウスやキーボードではなく、音声でなければならない。ところが、人間の音声は、声の高さ、話すスピード、口の開け方、方言、話し方の癖など、個人や状況によって異なる要素が多い上に、入力の際に、ユーザーの声だけでなく、背後の様々な雑音を拾う可能性もあり、音声を認識してテキスト化することはかなり難しい。

次に、音声認識が成功して、テキストが入力されたとしても、そのテキストをどう解釈するかという問題がある。テキストの解釈の第 1 段階はカナ漢字変換であるが、既にワープロが出て数十年経つ現在であってもカナ漢字変換がどれだけ不確実であるかは日常経験するところである。

カナ漢字変換の次には、文法の解析がある。日本語は英語などのヨーロッパ言語に比べ、文脈への依存度が高く、文法的に省略可能な要素が多いため、機械にとっては解析が難しい。英日の翻訳ソフトに比べ、日英の翻訳ソフト

の出力品質が低い一因は、そういった日本語の特徴によるものであり、日本語解析の難しさの一例を示す。さらに言えば、我々が日常使う口語は、文法に則っていないことも多い。

　文法解析によって、主語・述語などの関係がわかった後は、意味を解析する。文法の解析が言語という閉じた世界の内部規則の応用であるのとは逆に、意味は現実世界の反映であり、ここに意味解析の難しさがある。たとえば、「鳥の料理」「お母さんの料理」「ベトナムの料理」では、「AのB」という文法的には同じ関係でありながら、AとBの意味関係が異なる。この解析には「鳥」「お母さん」「ベトナム」という現実世界の事物の性質が大きく関わってくる。

　さらに、ユーザーの使う表現は一様ではない。たとえば、次の4つの文はすべて同じ意味になることを人工知能係員は理解できなければならない。

　　「大人2枚、郡山。」
　　「郡山まで、二人分お願いします。」
　　「えーっと、郡山。あ、二人ね。」
　　（人差し指と中指を立てて2枚であることを示しながら）「郡山。」

こういった組み合わせは無数に考えられ、その中から目的地である「郡山」と切符の枚数「2」という情報だけを抽出しなければならない。

　また、JRには現在「郡山」という駅名は2つあり、東北のユーザーならば福島県の郡山を、関西のユーザーならば奈良県の郡山を指して言うことが多いだろう。では、静岡や石川の人工知能係員のデフォルトはどちらの郡山か。

　ここまでは、「一任可能性」をどこまで実現できるかという問題であるが、「融通性」はどうか。上述のような音声認識の困難さを抱えた人工知能係員が「ゴハンダ」を果たして「五反田」と解釈可能だろうか。

　「拡張性」については、技術的には簡単なようにも見える。たとえば、目的地が一定以上の遠距離になった場合、「特急券は必要ないですか」「帰りの切符はどうされますか」というような質問を人工知能係員から出力させるこ

とは技術的にはさほど難しそうには思えない。しかし、後述するようにユーザーにとって果たして使いやすいかどうかは、また別の問題となる。

現在の自然言語処理技術は非常に高度なレベルに達し、ここに挙げた問題点のいくつかについては既に解決が進みつつあると信ずる。しかし、それでも、言語処理技術は、他の工学系の技術に比べれば、まだ信頼性が低い。完成した橋は必ず渡ることができるが、翻訳ソフトが訳した文が必ず正しいという保証はない。土木工学の基礎であるニュートン力学が近似的に完成された理論であるのに対し、言語処理が基礎を置くべき言語学はまだまだ完成していないこともその一因だろう。

このように、人工知能 UI は実現にはほど遠い。しかし、百歩譲って、それが完成した場合、ユーザーにとってはどんなメリットがあるのだろうか。

まず、一任可能性の裏返しのデメリットがある。たとえば、切符を買ってみると、目的地までの値段が予想以上に高かったとする。券売機で切符を買う場合は、それを自分の目で確かめてから買うので、納得したり、諦めたり、場合によっては、別の方法で行くことを考えるかもしれない。しかし、係員のいる窓口で買う場合、その値段がわかるのは、切符と釣銭が帰ってきてからである。つまり、知能を持った UI ではシステムがブラックボックス化し、ユーザーにとってはその中で何が起こっているか見えない。これは、人工知能を引き合いに出すまでもなく、ワープロソフト程度でも既に実現されており、「いったいどうなってるんだ」という経験をしたユーザーは多いだろう。ノーマン (2000) も指摘するように、「どんなに難しくても、ユーザーがそれを自分で制御していると感じるとき、…使いやすくなる」(p.229)。UI が知性を持ちすぎてブラックボックス化した機器は、ユーザーにとって必ずしも使いやすいとは限らないのである。

拡張性については、パソコンのように選択肢が複数あり、様々な方向へ拡張が可能な場合、どの方向にどこまで拡張し、かつ、その中からどれを選択するかという問題が出てくる。たとえば、Microsoft Word などのパソコンソフトでは、一つの機能に対して、複数の操作方法が存在する。画面上のメ

ニューからコマンドを選ぶこともできるし、アイコンをクリックすることもできるし、右クリックメニューから選ぶこともできる。このこと自体は悪くはないが、松尾（1999）も指摘するように「情報を少なめにするほうが利用者に多くの情報を提供する」（p.211）こともまた事実である。しかしこれまで拡散に向かって進んできた技術者集団に絞り込みを求めることは心理的にも能力的にも難しいだろう。

4.2.7 デザイナーの問題

　ここまで技術主導によるUIの問題点を述べてきた。翻って、デザイナーが主導権を取った場合に起こりえる問題点にも触れておきたい。

　若干独断的な記憶から始めたい。筆者は、これまで、TCシンポジウムや関西のテクニカルライターの会に10年以上出席し続け、多くの講演を聞いてきた。その中で何度かデザイナーと呼ばれる人たちの講演も聞いた。そして、残念ながら、ほとんどの場合、失望もしくは反発を感じざるをえなかった。

　理由は簡単である。彼らは「語らない」のである。デザイナーの仕事は説明することではなく、見せることであり、考えさせることではなく感じさせることである。そのため講演であってもスライドを多用し、自分が手掛けた作品を見せる。自分が何を感じてその作品を作ったか、ユーザーはどう感じるか。彼らの関心はその点に向かい、どのようにして作品を作ったか、ユーザーがどう使うかを語ろうとはしない。中には、スライドに大きな文字を書くと「カッコよくない」と思ったのだろうか、会場の真ん中辺りに座っていた筆者にさえ、文字が小さすぎて読めないようなスライドを出しているデザイナーもいた。語らないためか、彼らの講演はたいていの場合、話の脈絡がとらえにくい。自分の頭の中ではつながっているのかもしれないが、聴衆にとっては話があちらこちらに飛んでいるようにしか聞こえない。

　また、前述したように、デザイナーたちがマニュアルに言及すると、たいていは「面白くない」という意見が入る。「わかりにくい」ではなく、彼らの関心は、面白さや美しさに向かう。そして、「マニュアルをクイズ形式にすれば

もっと面白くなるんじゃないか」などという突飛な意見が飛び出す。そこには、ユーザーの目的を考えようとする姿勢はない。ユーザーはマニュアルを面白く読みたいわけではなく、製品を使ってサッサと仕事を終わらせたいのである。

　UIに話を戻そう。もちろん、多くのまともなUIデザイナーは操作的側面を重視する。また、UIを作っていく際にデザインが必要であることは言うを待たない。言葉よりもグラフィックで表現したほうがわかりやすい機能も存在するだろうし、その場合は当然デザイナーが活躍する場となる。ただ、上述したような「なんちゃって」デザイナーがUI設計を担当した場合、感情的側面が操作的側面を阻害するようなUIとなる可能性が高い。

　また、「人間」を作りたいと考えている技術者とデザイナーがコラボレーションしたとき、人工知能UIに顔をかぶせ、音声で受け答えし、見た目もできる限り人間っぽくしようとする。言語による応答だけではなく、あいづちや喜怒哀楽の表情など、非言語的コミュニケーション機能もそこに付加されていく。しかし、できる限り人間らしくしようとしながら人間にたどりつけないときに生まれるのは、石黒・中谷（2011）でいう「不気味さ」(p.9)である。中途半端に人間に近いからこそ生まれる不気味さ、死体がしゃべっているような不気味さが生まれてくる。

　さらに、ほぼ完璧に近い人間型UIができたときにも問題が出てくる。相手が券売機ならば、ユーザーがその券売機の「態度」や「美しさ」を評価することはないだろう。しかし、それが、人間的なコミュニケーションを行い、人間的な顔を持つUIならば、ぶっきらぼうで感じが悪かった、とか、好みの顔じゃない、などという「人間」としての評価を、無意識のうちに下してしまう。「いかに人間的であろうと、相手が機械であることを意識しておけば、そういった感情を持たないだろう」という意見もあるかもしれないが、現実でないものにも人間は現実と同じように反応してしまうことはリーブス＆ナス（2001）の研究が明らかにしている。

4.2.8 テクニカルコミュニケーターの関わり

　技術者やデザイナーが先走りすぎるとき、もう一度、操作的側面主導の UI を考えるところに呼び戻すのが、テクニカルコミュニケーターの役目である。

　もちろん、技術者たちも操作性に関心は持っているが、彼らは UI に問題があると感じたとき、それを技術的に解決しようとする。たとえば、1999 年に設立されたヒューマンインタフェース学会に筆者も 2 年ほど入っていたが、当時はその論文を見ても、心理学的アプローチというよりは工学的アプローチが中心であった。しかし、ノーマン (2000) も指摘するように、UI の問題点は、まさに「解決法がいつでも技術的なものばかりである」(p.125) ことにある。解決策自体が技術であるため、その技術がまた UI の問題を生み出すという悪循環に陥る。

　例を挙げるならば、かつて筆者が勤務していたメーカーが開発した操作ナビゲーションソフトがある。取扱説明書がなくても初心者が簡単にパソコンを操作できるようにという目的で開発されたソフトである。ところが、驚くべきことに、その開発の際、当の取扱説明書担当者が開発チームに入っていなかった。これまで何らかの役割を果たしていた部品をなくして、その代わりの技術を立ち上げようとするならば、そのなくそうとする物を作っていた担当者から意見を聞くのが基本のはずである。それにも関わらず、技術者たちは技術だけで解決できると考えたのだろう[1]。その結果、そのナビゲーションソフト自体の取扱説明書やオンラインヘルプが必要となった。技術者たちに言わせれば、こういった問題も、より人間的な UI、つまり、より高度な人工知能 UI が実現すれば解決すると言いたいのかもしれないが、その人工知能 UI にも問題点があることは上述の通りである。

　仮に、その技術的解決が成功した場合であっても、ユーザーは新しい操作

1　実は、翻訳ソフト開発の際にも同じことが起きていた。1980 年代後半、コンピューターメーカーは競って機械翻訳システムの開発・販売に乗り出したが、翻訳者の意見を聞かなかった。そのためか翻訳業界の不興を買ったものである。

を覚えなおさなければならない。「コンピュータがらみの知識は、その時かぎり、その場かぎりのものが多く」(ストール1997:p.47)「使い方を熟知していても、システムが変われば、その知識はほとんど役に立たない」(同上：p.262)のである。このストール氏は、天文学者でありながら、自分でハッカーを追い詰めて捕まえるほどコンピューターに精通している。つまり、この言葉は初心者の不平不満などではないし、ストール(1997)から15年ほどたった2013年現在も同じ状況にあることは誰しも知っている。

　技術者が道具をより便利にしようと努力し、デザイナーがより楽しく使ってもらおうと考えている点は否定しない。しかし、道具を純粋な道具として考える視点も忘れてはならない。道具の行き過ぎた人間化やおもちゃ化に歯止めをかけ、道具としての使いやすさを追及すべき道があること、そしてTCがその役割の一端を担うべきであることを主張しておきたい。

4.3 他部門でのTC

4.3.1 TCの応用

　現在、至るところに「コミュニケーション」という言葉が氾濫し、企業が求める人材にもコミュニケーション力が大切だと言われる。ところが、1章でみたように「コミュニケーション」という言葉が一義ではないために、いろいろな齟齬が発生する。しかし、企業の求めるコミュニケーションは、結局のところ、TCであることが多い。本節では、マニュアルから離れ、企業の他部門でTCを応用できないか、考えてみる。

4.3.2 技術者への伝達

　TCは、主に、専門的情報や知識を一般人に伝えることである。製品のマニュアルがその代表であるし、一般向けに書かれた科学技術の解説書なども含めて良いだろう。つまり、専門情報・専門知識をより多く持っている方から、それらを持っていない方への流れである。

しかし、その逆に近いパターンもある。たとえば、商品企画担当者がその試作を技術者に依頼するような場合である。企画担当者は自分の頭の中にその製品の完成イメージがある。しかしそれがどのように実現されるか、場合によっては実現可能かどうかについてはわかっていない。できる限り具体的なイメージを持ち、それを図に書き、言葉にして、技術者に伝える。それに従って出来上がってきた試作品が企画担当者のイメージ通りならば問題はない。それがズレていた時が問題となる。企画側は「意図を理解していない」とクレームをつけ、技術側は「説明が十分でない」と反論する。同じ社内であれば、その程度の口喧嘩ですむかもしれないが、発注と受注に分かれている場合は費用が発生するし、場合によっては下請けが涙を呑むこともあるかもしれない。その下請けが優秀な会社であれば、発注側は大切なビジネスパートナーを失うことにもなりかねない。通常、メーカーであれば仕様書の書き方はある程度決まっているし、同じような製品を作り続けていくならば、こういった問題は起こらない。しかし、これまでにない商品を企画しようとしたときには、こういった問題も出てくる可能性があり、これも TC の一つと言えるだろう。

ただ、商品によっては、3章5節で述べた「伝えられない情報」であることもある。たとえば、食品メーカーの商品企画担当は自分が考える味を技術者にどう伝えるかは、かなり難しい問題だろう。ここでも、伝えられる情報と伝えられないクオリアを見分ける力が必要となる。

4.3.3 営業担当者の TC

藤本(2006)によると、営業担当者の能力とは「営業知識量＋営業センス力＋グランドデザイン力」であるが、この中からいくつか TC 的要素を抽出することができる。以下、藤本(2006)の内容を紹介しながら説明する。

まず、「営業知識」とは「売っている商品に関する知識はもとより、その商品を売るために組織が培ってきた全ての知識」を指す。ただ、一人がその知識を溜め込むのではなく、「ノウハウバイブル」を作成して全員で共有すること

が必要となる。この「ノウハウバイブル」とはつまり営業マニュアル的なものだと考えられ、まさにマニュアルの作成である。

2番目の「営業センス」の要素としては、以下が挙げられている。

(1) 第一印象がよいこと
(2) ポジティブで負けず嫌いな性格
(3) 記憶力
(4) 質問に対して簡潔に話す能力
(5) 洞察力
(6) 的確なヒアリング能力
(7) 人の悪口を言わない性格

このうち、(4)はかなりTCと近いし、(6)は3章で述べたTCの前提となる情報収集に含まれる。

最後のグランドデザイン力としては次の5項目を挙げている。

(1) 営業先に対する改善提案ができる能力
(2) 商品の次世代を予測する能力
(3) 営業先に訴求力のある企画書を作成できる能力
(4) 現状の商品を営業先に魅力的にプレゼンテーションできる能力
(5) ライバル社商品の特徴を捉え、自社商品との機能比較を怠らない能力

ここでも(3)と(4)はTCと言ってよいだろう。

営業担当にとってコミュニケーション力が大切であることは誰もが知っているが、それをさらに具体的に割り出しているところに、藤本(2006)の説得力があり、そのいくつかがまさにTCであることがわかる。つまり、TCのノウハウは営業部門においても求められる能力なのである。

4.4 英語によるテクニカルコミュニケーション

4.4.1 英語TCと日本語TC

　筆者が初めて本格的にTCに触れたのは、米国の大学院でTCを専攻したときである。そこでは、英文の表現だけではなく、2章で述べた受信者分析を基本としたわかりやすさのストラテジーを学んだ。それ以降、筆者の中では、最終的な言語表現として、英語を使うか、日本語を使うかということ以外は、日本語のTCと英語のTCを特に区別せずに考えてきたし、実務を行ってきた。本書で述べることも、日本語、日本企業、日本文化などに特化した話以外は、どちらの言語にも当てはまると考えていただいて良い。

　しかしながら、日本においては、まだ「英語」というだけで一つの専門と見なされる風土が残っているし[2]、日本語のライティング業務はせずに、翻訳や英文ライティングに特化して仕事をしている方々も多いと聞く。筆者自身も翻訳や英文ライティングの仕事をしてきたことを踏まえ、本節では、英語について少し思うところを述べておきたい。

4.4.2 英文テクニカルライティングと日本語の論理性

　和文英訳と英文テクニカルライティングは異なる。しばらく前に「超訳」という言葉が出たが、それは置くとして、通常、翻訳と言えば、原文を別の言語に置き換えることであり、情報の追加変更は行わない。しかし、TCのノウハウを持った人間が翻訳を行う場合、少なからず、原文の問題点に目が行かざるをえない。筆者自身、これまで、取扱説明書やホームページ、論文、辞書の例文などの英訳を行ってきたが、多くの場合、日本語の情報に不備があり、

---

[2] 余談だが、そういう風土を反映してか、以前は「日本のことをあまり知らない」とか「日本語は不得意なんです」と、冗談交じりでありながらも自慢げな口調で話す英語教師がいた。「その分、私は英語ができるんです」ということを言いたかったのかもしれないが、筆者の個人的感覚ではそういう教師は英語も中途半端なレベルであることが多かったように記憶している。

4.4 英語によるテクニカルコミュニケーション　　111

直訳のみで通すということはなかった。必要な情報が欠けていたり、不要ではないかと思われる情報が入っていたり、書いてある情報の整合性が取れないような場合もあった。また、2章で詳述したように、情報の並べ方を改善するとさらにわかりやすくなるようなこともあった。そして、そういった場合、より質の高い文書として仕上げるために、メーカーや元の執筆者に対して具体的な改善を提案し、たいていの場合、受け入れてもらった。辞書の例文については、元の日本語から書き直す権限も与えられていたため、そこから書き起こすということもあった。結果として、翻訳ではなく、テクニカルライティングに近づいていったのである。

　ただ、そういった日本語の不備も、あまり深く考えずに読むと、すーっと頭を通り過ぎる。いわば、わかった気になってしまう。英文にするために、書かれていることを頭の中で精密に概念化しようとするときになって初めて、上述のような事態が浮かび上がってくるのである。

　そのためか、「日本語は論理的でない」という意見を耳にすることがある（たとえば、妹尾・関口2002）。だから日本語は科学技術のコミュニケーションには不向きである、とまで言う輩もいるし、さらに言えば、以前は「取扱説明書がわかりにくいのは日本語で書かれているからではないか」という極端な意見もどこかで読んだ記憶がある。

　しかし、それらの意見が「日本語は論理的でない」という根拠は、多くの場合、主語がないとか、単数・複数が

英語の社内公用語化について

英語を社内公用語にしようとする動きが始まっている。しかし、それは本当に意義あることなのだろうか。社員の日本語TC能力を高めた方がはるかに会社としての競争力は伸びるのではないだろうか。大野（2002）のつぶやきを紹介しておきたい。

「相手を知るためには英語を使おう。…これは正しい。だから、研究発表は英語を使おう。…これは疑ってかかる必要がある。多少のアドバンテージを稼ぐ必要があるのなら、すぐにこちらの情報が分かってしまう英語を使う必要はない。…日本のアドバンテージを確保した技術なら日本語で記述すればよい。本当に知りたいなら相手の方から日本語を学んで我々のコミュニティに加わればよいだけの話だ。」

ないとか、性別がわからないという程度であったり、英語は結論を先に言うが、日本語は最後まで聞かないと結論がわからない、といった点である。前者は、英語の文法が必要とする要素を日本語の文法では必要としない、というだけのことである。逆に、単語を見ただけで品詞がわかる日本語(たとえば「遊ぶ」は動詞、「遊び」は名詞)は、文全体を見て初めて品詞がわかる英語(play は文脈がなければ動詞か名詞かわからない)よりも論理的だと言えるだろうし、「文字と発音が1対1対応していない英語は非論理的な言語だ」という米国人の意見を聞いたこともある。また、人物について話している際に、いちいち性別を気にして he を使うのか she を使うのかを考えなければならない言語は不便でしかたがない。後者については、日本語であっても結論を先に言うことは何ら不自然ではないし、筆者が翻訳において改善提案を出す際も、それをそのまま日本語の文書に当てはめてみても通用する。

　もし「日本語は論理的でない」という日本人がいたら、それは、日本語という言語のせいではなく、その発言をしている当人の問題だと考えた方が良い。万一、それが翻訳者か英文ライターだとすれば、仕事を頼まないほうが無難だろう。

本章の参考文献

石黒浩・中谷日出 (2011)「TC シンポジウム 2011 基調講演: 見た目の力～ロボット開発から得た科学的デザインとは～」『テクニカルコミュニケーションシンポジウム 2011 記録集・論文集』: 6-13.

大野晋 (2002)「チャンスを逃すな！」『情報処理』43 巻 3 号: 330-331.

ロジャー・C・シャンク (1985)『考えるコンピュータ』渕一博監訳・石崎俊訳、ダイヤモンド社 (Roger C. Schank. *The Cognitive Computer*. Addison-Wesley, 1984.)

クリフォード・ストール (1997)『インターネットはからっぽの洞窟』倉骨彰訳、草思社 (Clifford Stoll. *Silicon Snake Oil: Second Thoughts on the Information Highway*. Anchor Books, 1995.)

妹尾稔・関口博敏 (2002)「ソフトウェア開発におけるコミュニケーション問題」『情報処理』43巻3号：312-313.

ローラ・デ・ヤング (1998)「ソフトウェア・デザインを支える組織」テリー・ウィノグラード編『ソフトウェアの達人たち』瀧口範子訳，アジソンウェスレイ (Terry Winograd. *Bringing Design to Software*. ACM Press,1996.) : 243-262.

ドナルド・A・ノーマン (2000)『パソコンを隠せ，アナログ発想でいこう！』岡本明・安村通晃・伊賀総一郎訳，新曜社 (Donald A. Norman. *The Invisible Computer*. The MIT Press,1998.)

野々垣旦・小林康人・森田修三他 (1992)『ヒューマンインタフェースの未来』富士通ブックス．

廣瀬通孝 (1992)『技術はどこまで人間に近づくか』PHP研究所．

藤本篤志 (2006)『御社の営業がダメな理由』新潮新書．

松尾太加志 (1999)『コミュニケーションの心理学』ナカニシヤ出版．

森口稔 (1997)「アプリケーションのメニュー名とコマンド名について」『テクニカルコミュニケーションシンポジウム '97論文集』：55-59.

森口稔 (1998)「ソフトウェアローカライゼーションにともなう語彙の問題」『テクニカルコミュニケーションシンポジウム '98論文集』：98-102.

森口稔 (1999)「機能から名称へ—如何にして情報を縮約するか」『テクニカルコミュニケーションシンポジウム '99論文集』：109-113.

森口稔 (2000)「机の上の箱と壁に開いた窓—メタファーの功罪」『テクニカルコミュニケーションシンポジウム 2000論文集』：86-90.

森口稔 (2001)「ユーザーインタフェースと頭の中の辞書」『テクニカルコミュニケーションシンポジウム2001論文集』：15-19.

森口稔 (2002)「ユーザーインタフェースの未来とテクニカルコミュニケータの役割」『テクニカルコミュニケーションシンポジウム2002論文集』：1-5.

森口稔 (2008)「シンポジウムに見る近年のTC傾向」『テクニカルコミュニ

ケーションシンポジウム 2008 論文集』: 25-29.

バイロン・リーブス＆クリフォード・ナス(2001)『人はなぜコンピューターを人間として扱うか―「メディアの等式」の心理学』細馬宏通訳、翔泳社(Byron Reeves & Clifford Nass. *The Media Equation: How people treat computers, television, and new media like real people and Places.* CSLI Publications, 1996.)

5 TC と専門用語

Everything should be made as simple as possible, but not simpler.
—— Albert Einstein
(何事もできるだけシンプルなほうがいい。しかし、シンプルすぎてはいけない。)

マニュアルがわかりにくいと言われるときに挙げられる理由の一つに専門用語がある。実際に一般消費者向け商品のマニュアルを調べてみると、必ずしも専門用語が羅列されているわけではないが、多くの人々の間に「マニュアルは専門用語だらけ」というイメージが定着していることは確かだろう。では、専門用語とはいったい何か。本章では TC への応用の観点から、用語学を概説する。

5.1 用語学の紹介と必要性

5.1.1 用語学とは何か

用語学とは、仲本 (2010) が定義するように、「専門用語に関する科学と技術」であり、その内容は、専門用語の策定[1]、定義、処理の方法、翻訳、用語集の作成などである。語頭に「専門」をつけて「専門(用)語学」「専門(用)語論」「専門(用)語研究」としたり、「ターミノロジー(論)」(terminology) と呼ばれたりすることもある。しかし「単語」や「語彙」ではなく「用語」という表現を使う場合、通常「一般語」の対概念としての「専門用語」を指すので、本書にお

---

[1] 「専門用語の策定」とは、専門概念を言語で表現することである。「策定」は、『デジタル大辞泉』によると、「政策や計画をいろいろと考えて決めること」であり、通常、言語表現について用いることはない。しかしながら、先行研究においても「専門用語の策定」という表現が使われているため、本書でもその表現を使う。自然発生的な一般語と異なり、専門用語では、概念に人為的に言語を当てはめるという点で政策や計画との共通点もあり、問題はないだろう。

いても簡潔に「用語学」と呼ぶこととしたい。「一般語」についても「一般用語」や「日常(用)語」という呼称があるが、「用語」に専門的な意味合いを持たせるのであれば、「一般用語」は自家撞着でもあり、本書では使わない。また、「日常語」では、専門用語ではないが、日常的に使わない単語が脱落する。たとえば、「賀正」や「臨終」は日常生活の中で使う言葉ではないが、専門用語でもない。以上の理由から、本書では「専門用語」の対概念を「一般語」と呼ぶことにする。

本書における用語学で扱う範囲は以下である。

  用語学の紹介と必要性
  一般語と専門用語の区分
  専門用語の問題点
  用語の策定と定義
  用語の管理と翻訳

5.1.2 これまでの用語研究

現在のところ、国内では用語学の研究は必ずしも盛んではない。仲本(2010)は、用語学の技術の歴史は紀元前700年に遡ることができる一方で、理論の創出は20世紀半ばのヴュスターまで待たなければならないとしているが、それは海外の事情であり国内はさらに遅れている。20世紀末、影浦(1997)は、用語学に関して「今のところ、思弁を超える理論的な研究はない」と言い切り、山本(1997)も用語学の「基本原理が根本的に問われる状態にはなっていない」としている。事実、1冊全体で用語学を扱っている書籍は、管見では、宮島達夫(1981)『専門語の諸問題』、岡谷大・尾関周二(2003)『ターミノロジー学の理論と応用—情報学・工学・図書館学』、仲本秀四郎(2005)『専門用語概論』の3冊程度しか見当たらない。

一方、分野を絞った用語については多数の研究が発表されている。たとえば、教育関係では、村田(1997)が、外国人に対する日本語教育の立場から経

済用語の語構成を分析し、渡邊他 (2001) が、日本人に対する英語教育の立場から医療関連用語の使用頻度を分析している。また、井上 (2001) は、小中高の理科の教科書に現れる専門用語のわかりにくさを指摘している。日本における専門用語の歴史については、眞田 (2002) が、明治期に出版された物理や法律などを含む多分野の学術用語集である『哲学字彙』について、そこに収録されている用語が現代では一般化していることを報告している。ほかにも、言語処理関連では、用語の自動抽出や用語間に関連を持たせた用語データベースの構築などについての研究があるが、本書では触れない。ここで触れたもの以外の先行研究については、以降、各節で必要に応じて取り上げる。

5.1.3 TC にとっての用語学の必要性

現実はどうあれ、一般の人々のイメージでは「マニュアル」はわかりにくい文書の代表例であり、その理由の一つとして「専門用語の羅列」が挙げられる。若干古いが、首都圏に住む男女500人ほどを対象にした調査 (三浦 1996) も、マニュアルをわかりにくいと感じた理由の一つとして専門用語を挙げている回答者が多い。たとえば、カメラのマニュアルで26.0%、ビデオデッキで20.4%に上り、留守番電話、ファックス、エアコンでもそれぞれ6.0%、7.9%、7.0%となっている。

ところが、こういった事情にも関わらず、TC 業界は必ずしも用語学について前向きな姿勢を見せていない。高橋 (2000) は、わかりにくいマニュアルについて「まず、問題点は技術用語・専門用語の羅列」であるとしているが、用語についての解決策を提示せず「表記基準を統一する」という程度の案しか出していない。宮田 (2001) はマニュアル作成について包括的に取り上げた400頁におよぶ参考書であり、取扱説明書がわかりにくい理由の第一に「専門用語がわからない」ことを挙げているが (p.85)、用語については付録の中で数ページしか紙面を割いていない。TC 協会 (2011) でも全260頁ほどのうちの2ページで済ませている。

また、森口 (2008) では、1998年から2007年までの TC シンポジウムにお

ける234本の発表についてその内容の傾向を分析したが、用語についての発表は14本であり、1割に満たないことがわかる。しかも、その14本のうちの5本はユーザーインターフェイス(UI)の用語に関連した筆者自身の発表であり、残りの9本のうち4本は用語表記統一ソフトの商品紹介である。つまり、10年間のTCシンポにおいて、用語表記統一ソフトの開発者と筆者以外はたかだか5人程度しか用語に興味を持たなかったことになる。

ただ、近年スポットが当たり始めたTC教育においては、用語学の必要性が若干考慮され始めているように思える。たとえば、三波他(2010)は「TC専門教育で育てる知識と知力」の表を示し、その中に「用語の統一と管理」「専門辞書の作成と活用」が含まれている(ただし、翌年の三波・高橋(2011)では「専門辞書の作成と活用」がなぜか割愛されている)。

実務的問題としても、取扱説明書の中での専門用語の扱い方は、本文の中で解説するか、囲みで解説するか、巻末に用語集を載せるか、といった掲載場所の問題や、どの用語をどのように説明するかといった方法論の問題などを議論すべきだろう。索引の作り方も用語学の問題の一つであり、米国のTC関連団体Society for Technical CommunicationではIndexing(索引付)という分科会も存在していたことがある。

このように考えると、テクニカルコミュニケーターにとって用語学は必須の知識と言えるだろう。

5.2 一般語と専門用語

5.2.1 一般語と専門用語の区別

では、改めて、専門用語とは何だろうか。それについては、一般に知られているかどうかにかかわらず、特定の分野で使用される概念を指す語句と考える立場と、一般にはあまり知られず主に特定の分野で使われる語句と考える立場の二通りがある(宮島1981、影浦2002)。たとえば、前者の考えかたを取れば「一塁手」は野球の専門用語であるが、後者の考え方を取れば、一般語と

なる。

　前者の考え方に立った場合、おそらく膨大な数の単語が専門用語となり、一般語と対比して考えることは不可能である。テクニカルコミュニケーターにとっての用語学という観点からも、「一塁手」のように、誰もが知っている用語を取り上げる必要はない。後述するように、用語集を作成する際の情報の一つとしてそれぞれの下位分野を明示することがユーザーにとっては親切だが、「一塁手」のように既に一般語とも考えられる語については下位分野を明示する意味も特にない。

　以上の理由から、本書では専門用語を以下のように定義して議論を進める。

　　　一般にはまだあまり知られず、主に特定の分野で使われる語句

　次に、このように定義した場合に疑問となるのは、一般語との区別である。つまり、何を持って「一般にはまだあまり知られていない」とするかであり、逆に、どの時点で「一般に既に知られている」と判断するかである。現実的には、それが用語集作成の際の見出し語選択やマニュアルの中で囲みで説明すべきかどうかの判断につながってくる。

　専門用語と一般語を区別する方法としては以下の4つが考えられる。

　　　A. 国語辞典への収録
　　　B. マスコミによる用語の扱い
　　　C. コーパスの利用
　　　D. アンケート調査

　まず、最も安全で手軽な方法は、判断の基準を国語辞典に委ねることである。つまり、国語辞典に見出し語として載っている場合はすでに一般語になった用語であり、載っていない場合はまだ専門用語であると考える。たとえば、ローカルエリアネットワークの意味の「LAN」という語は、専門辞典で

ある『岩波情報科学辞典』(1990)にはすでに掲載されているが、1998年出版の『新明解国語辞典第五版』には掲載されていない。それが、電子辞書版の『広辞苑第六版』(2008)や『三省堂国語辞典第六版』(2008)には掲載されている。つまり、遅くとも1990年から1998年まではLANはまだ専門用語だったが、2008年頃にはすでに一般語になっていたと考えるわけである。

　ただ、この方法の問題点は国語辞典の改訂頻度である。たとえば、『広辞苑』は初版が1955年に出版され、最新の第6版が出たのが2008年であり、平均すれば、改訂に10年ほどかかっている。専門用語のほうはおそらく10年の間には相当な変化が予想される。

　また、辞書による違いもある。専門用語は専門分野の最先端で誕生し、それが徐々に普及し、ある段階で国語辞典に収録されるわけだが、国語辞典の側から見れば、若者言葉と同じく新語の一つと捉えていることになる。新語の扱いについては、「かなり一般化してから、その一部を取り上げるもの」が多いが、数多い新語の中から収録語を選定する基準については、「一定の段階まで客観的基準で選定した後は、<u>主観的</u>な判断で選定してよいし、現実にそうせざるを得ない」らしい（倉島1996、下線筆者）。また収録する専門用語については、「各分野でバランスよく選定されることは大切だが、その辞書の方針に添うかたちで、特に強化する分野があってもよい」（倉島、前掲）わけであるから、結果として、「大小にかかわらず国語辞典が共通に載せている語は三万弱」ということになる（倉島2000）。

　次に、国語辞典と類似の資料として思いつくのが、一般の書店で入手できるマスコミ関連の用字用語集である。たとえば、以下のようなものが出ている。

　　　日本放送協会放送文化研究所(2004)『NHK新用字用語辞典第3版』
　　　朝日新聞社用語幹事編(2010)『朝日新聞の用語の手引き』
　　　共同通信社編著(2010)『記者ハンドブック 第12版 新聞用字用語集』

ところが、これらの文献の問題は「用語」と謳っていながら内容としてはほと

んど表記しか扱っていない点である。朝日新聞と共同通信社が上記の用語集を出した2010年という年が、新しい常用漢字表が内閣告示された年であることは、その証左と言えよう。NHKのほうは上記の次の改訂版の名称を『NHK漢字表記辞典』とし、内容ではなく表記だけを扱っている点を明示している。日本新聞協会でも用語懇談会を開催しているが、やはり表記が中心であり、マスコミ関係の関心は、専門用語を一般語から区別するよりは、表記の統一に重点が置かれているように見受けられる。

では、マスコミの用語集ではなく新聞自体はどうか。片山(1997)が述べているように、「新聞記事はなるべく専門用語を使わないように」書かれているし、使う場合は、簡単な用語解説をその記事のそばに囲みでつける。その意味では、新聞に使われているかどうか、または、用語解説があるかどうかによって、専門用語と一般語の区別をつける方法には安心感がある。ただ、実際には、紙面の関係上、どうしても用語解説が載せられない場合もあるという話だし、専門用語であるかどうかを判断するために、1年間の新聞すべてを調査するのも現実的ではない。片山は「エイズ」を例に専門用語が一般語に移行している経緯を紹介しているが、一般語としての判断基準については触れていない。テレビについての専門用語の扱いについて論じている塩田(1997)も、視聴者にわかりやすく伝えるために言い換えや言い添えをしていることを述べているが、専門用語としての判断基準は示していない。

3つ目の手段として考えられるのが、コーパスである。コーパスについては3章でも触れたが、実際に書いたり話したりされた言語をコンピューターで検索できる形で蓄積した大規模テキストデータベースのことであ

専門家の自意識

仲本(1999)は「科学/技術用語を使いこなすかどうかで、科学/技術者と一般人を区別することができる」(p.240)と述べている。しかし、ややもすると、それに乗じて、やたらに専門用語ばかりを並べる似非専門家も存在することも確かである。また、えてして、そういった似非専門家は、専門用語の真の意味を理解していない場合もあったりする。そういった輩に専門用語を悪用されないためにも、専門用語の策定は慎重に行いたい。

る。近年の言語研究や辞書編纂ではコーパスを使うことが常識となりつつあり、英国では既に10年以上前から大規模なコーパスが編纂されており、国内でも現在は国立国語研究所が中心となって作成した「現代日本語書き言葉均衡コーパス」が無料で公開されている(http://www.kotonoha.gr.jp/shonagon/)。このコーパスは、書籍、雑誌、新聞、教科書、インターネットなどから例文を集め、約1億語が収録されている。ある用語が、このコーパス、つまり、日本語のテキストデータベースに、出現しない、もしくは、出現頻度が非常に少ないとすれば、その語は専門用語と考えることができるのではないだろうか。

　試みに、スキーの専門用語である「バンフライ」(クロスカントリースキーで前を行く選手を追い抜かすときにコースを空けるよう求めて声をかけること)と、仏教美術の専門用語である「木心乾漆」(木材の芯の周りに漆を固めて仏像を作る手法)をこのコーパスで検索すると確かに1件もヒットしない。一方、「マニュアル」は1352件がヒットする(2012年5月9日現在)。

　ただ、コーパスを使用して専門用語かどうかを判断する際にも問題点がある。まず、基準をどうするかという点である。「マニュアル」の出現回数は1352件で、コーパスの収録語数を仮に1億語ちょうどとすると、約0.14%である。これは一般語と考えるべき出現率なのか、専門用語と考えるべき出現率なのだろうか。また、同様にして「取扱説明書」を検索した場合63件しかなく、出現率は0.01%に満たない。では、「マニュアル」は一般語だが、「取扱説明書」は専門用語だと言ってよいのだろうか。ちなみに、「マニュアル」「取扱説明書」だけでなく、上述の「木心乾漆」も『デジタル大辞泉』には収録されているが、「バンフライ」は収録されていない。

　コーパスはその目的によって作り方がさまざまである。特定分野の文章の文法的特徴やある作家に特有の言い回しを知りたいならば、その分野の文章ばかりを集めたコーパスや、その作家の全集をコーパスにすればよく、その場合は、さほど大規模でなくとも目的を果たすことができる。しかし、専門用語であるか否かを判断するためのコーパスは、かなり大規模でなければな

らず、1億語では十分ではない。現在、上述の「現代日本語書き言葉均衡コーパス」に加えて、話し言葉のコーパスも公開されているが、今後さらに語数を拡大していくことが望まれる。

　最後に考えられるのが、アンケートによる調査である。筆者自身はこの方法によって専門用語の調査を行ったことはないが、ここでも問題はデータ数となる。サンプルとして最低必要な人数は何人か、また、そのうちの何％が知っていると答えれば一般語と判断して良いか、現在のところ基準は見当たらない。また、仮に、専門用語研究が進んで何らかの基準が定まったとしても、TCの実務者がアンケート調査を行うことは現実的には難しいだろう。

　以上、一般語と専門用語を区別する方法を見てきたが、決定的な方法がないことがわかる。結局、現在のところ、最も現実的な方法としては、国語辞典とコーパスを参考にしながら、テクニカルコミュニケーター自身が判断するということしかない。今後、TCおよび専門用語学が発展し、そういった手法が開発されることを望む。

5.2.2　専門用語の特徴

　専門用語とは前節で述べたように「一般にはまだあまり知られず、主に特定の分野で使われる語句」のことであるが、全体として次のような特徴を持っている。

　　　A. カタカナ語が多い
　　　B. 複合語・略語が多い
　　　C. 名詞が多い
　　　D. 意味が文脈に依存せず、基本的に一義である
　　　E. 感情的要素がほとんど入らない

Aは表記の特徴、Bは語構成の特徴、Cは文法的特徴、DとEは意味的特徴である。以下、それぞれ簡単に見ておく。

カタカナ語が多い点は、玉村 (1991) や井上 (2001) が指摘している。たしかに、新しい専門的概念が海外から入ってきた場合、そのままの音をカタカナに置き換えるのが最も簡便な方法であり、カタカナ語が多い点も首肯できる。

複合語が多い点は、石井 (1991)、玉村 (1991)、藤原 (1997) が指摘している。複合語は、「「種差＋類概念」という構造を基本とする」(石井、前掲) ために、専門用語に複合語が多い点も首肯できる[2]。逆に、カタカナでも複合語でもない専門用語があれば、一般語のように見え、却って誤解を導く可能性もある。

また、複合語が多いことの一つの帰結として、英語の略語も多くなる (仲本 1999)。PC (personal computer)、AIDS (acquired immune deficiency syndrome)、SALT (Strategic Arms Limitation Talks) など、英語では複合語が非常に長くなるため、その頭文字をつなぎ合わせた頭語 (acronym) を使うことが多い。日本語でも、それを専門用語としてそのまま使う例が見られる。

一般語に比べて名詞が多い点について明確に指摘している先行研究を筆者はまだ見つけていないので、ここで簡単に調査しておきたい。まず、一般語について、かなり古い調査ではあるが、水谷 (1977) は雑誌記事の品詞別構成比を提示しており、それによると、異なり語で数えた場合、全体の約78.4%が名詞である。この割合が必ずしも一般語における名詞の割合とは言えないかもしれないが、参考となる数字であろう。では、国語辞典の見出し語における割合はどうか。たとえば、無作為に国語辞典を開いてみて、その見開き2ページにおける名詞の割合を調べてみよう。煩雑となるため、詳細は巻末の付録に譲るが、筆者自身の実験では、見出し語396語中324語が名詞であり、81.8%という結果となった。水谷の調査と大きく変わらず、一般語の名詞の割合は約80%と考えられる。他方、専門用語については、心理学、環境科学、トレーニングの3分野の用語集を調べたが[3]、名詞以外の用語を見つけることは困難だった。すべてではないにしろ、専門用語においては名詞の割

---

2 種差と類概念については後述する。
3 それぞれの用語集の書誌データは付録に掲載している。

合は100%に近いと言って良いだろう[4]。

　専門用語が文脈に関係なく、基本的に一義であるという点についての調査はないが、これは策定する際の当然の帰結と言える。仲本(1999)が指摘するように、一般語は「自然に形成・変遷していく」ためにその過程で多義となるが、専門用語は「概念を確定して後に人的に選定・形成する」(p.267)わけであるため、一義であることを維持できる。逆に、専門用語が文脈によって意味を変えるようであれば、専門用語としての存在価値をなくすと言ってよい。

　専門用語に感情的要素がないという点は若干説明を要するかもしれない。たとえば、一般語であれば、「子供」という語には感情的要素はないが、類義語である「餓鬼」「愚息」「お嬢様」という語には、対象を指示する機能に加えて、感情的要素が入っている。専門用語は、この感情的要素がほとんど入らない。感情的要素を持つのは、嫌悪感を表す隠語[5]など少数の例に限られる。

　ここに挙げた特徴は、いわば、専門用語に期待される特徴と言ってもよい。ところが、この理想通りでないことも専門用語の現実である。次節では、現状の専門用語に見られる問題点を概観する。

5.3 専門用語の問題点

5.3.1 専門用語のわかりにくさ

　仲本(2002b)が指摘するように、専門用語では、初めに概念があり、それに誰かが名称をつける。つまり、策定する。一般語と異なる点は、用語の策定者や策定のタイミングがある程度特定できることであり、特に、科学技術系の研究論文、特許、新製品などでは、策定者を特定しやすい。たとえば、日本人で最初のノーベル賞を受賞した湯川秀樹は「中間子」という素粒子の存在を予測し命名したし、「大陸移動説」という概念を明確に打ち出したのはドイ

---

[4]　金融市場での「好感する」「下げ止まる」など動詞の専門用語もある程度存在する。
[5]　隠語を専門用語に含めるかどうかについては議論のあるところだが、ここでは触れない。

ツの気象学者、アルフレッド・ウェゲナーである。

　専門用語の策定者は、その概念を発明発見した専門家であり、その概念を世界中で最もよく知っている。それゆえに、石井(1991)が指摘するように、「概念の内容をできるだけ「正確に」想起させるような命名」を行うが、「概念内容を正確に想起させるといっても、それがわかりやすい命名であるとは限らない。」また、「第三者からみれば同種の概念であっても、それぞれの専門家の主張する概念が少しでも異なれば別の命名が与えられることが多い」し、「まったく同じ概念でも研究上の位置づけによっては命名の観点が異なる」こともある。

　もう一つ、専門用語については、それが専門用語であることがすぐにわかるかどうかという問題がある。たとえば、「連合」という語は、「二つ以上のものが、共同の目的のために、組を作って協力すること」(『三省堂国語辞典第六版』)の意味の一般語として用いることが多い。ところが、心理学では「観念の連合」や「心的要素としての感覚や簡単感情の結合に際して働く法則」を指し(有斐閣『心理学辞典』1990)、労働関連では「日本労働組合総連合会」の略称として使われる。この「連合」のように、一般語と全く同じ形式の場合、文脈を読みとらなければ誤解を招くという問題がある。

　上記の問題を整理すれば、それ自体がわかりやすいかどうかという表意性の問題、他の概念とわかりやすく区別されているかどうかという示差性の問題、専門用語であることがわかるかどうかという認知性の問題の3つに分かれる。この3つの問題は専門用語全般に言えることであり、後ほどそれぞれの問題をもう少し掘り下げて考える。しかし、その前に、まず一度マニュアルの中の専門用語の状況を見ておこう。

5.3.2　マニュアルにおける状況

　海保(2002)は、マニュアルにおける専門用語とは「機械の部分名称や機能名称」、つまり、ユーザーインターフェイスとして現れる用語のことであり、「これがマニュアルのわかりにくさの元凶」となると指摘している(p.118)。

そして、この部分名称や機能名称を策定するのが、4章でも触れたように、多くの場合、それを開発した技術者である。近年は、機能を実装する技術者と、それを使いやすくするユーザビリティ専門家が分化しつつあるが、ユーザビリティに関連する報告書でも「用字・用語」として「用字」と一括りにされることが多く表記程度の問題にしか扱われていない（ニューメディア開発協会2004および2008参照）。

　もちろん、開発現場では技術者がどんな機能名をつけても、その用語が社内だけで使用されるならば、問題はない。開発完了に至るまでは社内での効率的な意思疎通が優先されるのが当然である。しかしそれが商品として販売され、機能の名称がユーザーインターフェイス（UI）として現れる際には、社外の人間であるユーザーが理解できるものでなければならない。

　ところが、UIの用語を技術者が策定した場合、それは必ずしもわかりやすいものとはならない。まず、一般論として技術者はコミュニケーションが不得意とされることが多い。国語や英語ではなく、数学と理科が重視される入試を潜り抜けてきた彼らが、教育現場においてコミュニケーションの訓練を受けてこなければ、それも当然のことだろう。さらに、技術者は、その機能がユーザーにとってどう見えるかではなく、その機能を自分がどうやって実装できるかに意識が集中する。たとえば、筆者自身、次のような経験がある。メーカーに勤務していたころに画像処理のソフトのマニュアルを担当し、開発工程で機能名についてもある程度の要望を出すことができた。あるとき、その画像処理ソフトにプラグインでフィルター機能を加えることになった。筆者自身は画像にフィルターをかけた効果がわかるような機能名をいくつか提唱したが、技術者が提出した機能名は「プラグインフィルター」であり、最終的にはそちらの案が通ってしまった。そのため、マニュアルの中で「プラグイン」とは何か、その「プラグインフィルター」はどのような機能を持っているかを説明する必要に迫られたのである。

　数十年前、オーディオ製品のボタンの名前が「Play」「Rew」などと書かれているため、英語に慣れないユーザーにとって使いづらいという状況があっ

た。現在の情報通信関連の製品では、用語が生まれる速度が加速されている。用語に無頓着な技術者たちが名称を策定し続ける限り、ボタンや機能の名称がわかりにくいという問題は今後も続いていくことになる。

5.3.3 認知性の問題

さて、上述した3つの問題のうち、まずは認知性の問題から始めよう。

専門用語はそれが専門用語であるとすぐにわからなければならない。仲本(1999)は専門用語が「日常語に近ければ、それなりの受容をともなう」(p.266)としているが、「近い」ことは「同じ」ことではない。仮に、専門用語であるにも関わらず、見た目に一般語と同じような形の語であった場合、読者またはユーザーは、それが専門用語と意識せず、曖昧な理解のまま読み飛ばしてしまい、その結果、重大な誤解を招く可能性がある。また、一般語と同じであれば、多義であることも多く、自分の知っている意味のうちどれが当てはまるのかもわからない。逆に、読者やユーザーがはっきりと専門用語と認知できれば、用語解説を見るなり、辞書を調べるなりすることで理解は深まる。

一般語を使うことで却ってわからなくなっているUIの実例が、Microsoft Outlook 2010の「ルール」という機能である。小学生でも知っている単語であり、それ自体の表面的意味はわかるが、どのような機能かその名称からは全くわからない。実際に「ルール」のボタンにポインターを重ねると次のようなポップアップメッセージが表示される。

> このメッセージの差出人、受信者、スレッドのトピックを基にルールを作成し、メールが常に別のフォルダーに移動されるようにします

さらにこのボタンをクリックすると次の4つを選択できる小さな画面が表示される。

> 次の差出人からのメッセージを常に移動する：

次の宛先へのメッセージを常に移動する：
仕分けルールの作成
仕分けルールと通知の管理

　どうやら、この「ルール」というボタンの機能は、「受信したメッセージを自分が作成したルールに従って分類し特定のフォルダーに移動するための設定」のようである。この一文を UI 用語として情報を縮約しようとしたときになぜ「ルール」になってしまうのか、正直なところ筆者には理解できない。
　ではどのような名称が適切だろうか。Outlook がメールソフトであることを考えると、「メッセージ」は当然すぎて重要な情報ではないし、「ルール」がほとんど「設定」と類義語として使われているなら、やはり重要度は低い。とすれば、この一文の中で最も重要な概念は「分類」と「フォルダーへの移動」であろう。さらに、フォルダーへ移動するためには前提として分類しなければならない点を考えると、機能名に「分類」もしくはそれに同様の概念を表現する語が欠かせない。結果として、たとえば、「受信分類」のような機能名を考えることができる。
　一般語と全く同じではないが、見た目に専門用語っぽくない語も注意しなければならない。たとえば、「中水」である。「中」も「水」も、小学校低学年でも知っている漢字であり、しかも 2 字の熟語であるために、専門用語として認知しにくい可能性がある。これは建築や水道関連の用語で、「上水として生活用水に使った水を下水道に流すまでにもう一度再利用するという方法」（http://www.ads-network.co.jp/zatugaku/chuusui-01.htm）のことを指す。しかし、特にそういった分野に関心がなければ、簡単な漢字を使っているために読み飛ばしてしまうのではないだろうか。
　こういった意味で、専門用語は、聞き慣れないカタカナ言葉や漢字で構成された複合語であるほうが、却って認知されやすい。専門用語は専門用語の顔をしているべきだとも言える。そして、仮に、専門用語が専門用語の顔をしていない場合、テクカルコミュニケーターとしては、それが専門用語であ

5.3.4 表意性の問題

　専門用語が専門用語であると認知できたとして次の問題はその意味である。ここでは、森岡（1977）が指摘する名称の2つの働きである表意性と示差性の観点から、問題点を検討する。

　表意性の問題とは、対象となる事物をその名称が的確に表現しているかどうかの問題である。まず、その用語が示そうとする概念自体が難解なものなのか、それとも、用語だけが難解なのか。概念自体が難解な場合は用語集で説明するなどの手段を取るしかないが、概念が単純であるにもかかわらず用語が難解になっている場合は、改善の余地がある。また、仲本（1999）が指摘する「接地」や「アース」のように「概念の基本特性を必ずしも反映していない」（p.255）場合もある。さらに、「宅急便」「セロテープ」「ホッチキス」「ポリ袋」のように、商品名がデファクトスタンダードとして一般名詞化してしまっているために意味が自明でない場合もある。

　次に、用語の構成要素から考えてみよう。漢字だけでできている用語の場合、その漢字の一つ一つが構成要素となる。たとえば「外腹斜筋」という解剖学用語を考えよう。「筋」が最後についているから筋肉であることはわかるし、「腹」が入っているので腹部の筋肉だろうという想像ができるかもしれない。同様に「外」や「斜」から、なんとなく「腹部の外側に斜めにある筋肉」ではないかと想像できるし、実際、その想像は正しい。

　ただ、このように必ずしも構成要素が自明でない場合も多い。たとえば、同じ筋肉の名前でも「上腕三頭筋」という筋肉がある。「上」「腕」という構成要素から、腕、おそらくは二の腕であることは想像できても、「三」や「頭」からその意味は想像できない。この「三頭」は、筋肉の端が3つに分かれていることを指しているが、解剖学的知識のない人間には自明ではない。この筋肉は腕を垂らしたとき、二の腕の外側に来る筋肉のことなので、「上腕外部筋」とでもなっていれば、わかりやすかったかもしれない。塩田（2002）が指摘す

るように、用語が専門家の間だけで「流通している間は、どんなにわかりにくいものであってもかまわない。しかし一般用語になる可能性のあるものについては、和語や漢語を用いた、第二の「一般向け語形」も考えておく」必要があるだろう。

　漢字を構成要素と考えた例を示したが、もう一つ単位が上がって、単語を構成要素とした場合、つまり複合語でも同様である。複合語としては耳慣れない表現であったとしても、複合語を構成する要素である単語の意味が分かれば、複合語の意味も自ずから理解できる。

　一方、構成要素が自明であっても、その内部構造がわからないという問題がある。今度は複合語を例にして説明しよう。複合語の内部で前の語をX、後ろの語をYとすると、次のような構造が考えられる。コロンの後にそれぞれの例を示した。

　　　XをYする（目的語名詞＋動詞）：形態素解析、環境設定
　　　XするY、XするためのY（修飾動詞＋名詞）：印刷範囲
　　　XであるY（形容詞的名詞＋名詞）：強気相場
　　　XのY（名詞＋名詞）：為替相場
　　　XにYする（副詞句＋動詞）：新規作成
　　　XがYする（主語名詞＋動詞）：マントル対流

こういった構造は、それぞれの構成要素となる単語の意味を知っていれば、通常、理解は難しくないが、問題は2つの解釈が可能な場合である。たとえば、「単語検索」という用語は「単語を検索する（目的語名詞＋動詞）」とも、「単語で検索する（副詞句＋動詞）」とも解釈できる。こういう用語は避け、はっきりと文法構造を示す表現にすべきだろう。

5.3.5 示差性の問題

　示差性の問題とは、その名称が指す事物と他の事物とを明確に示している

かどうかの問題である。示差性については次の3つの問題が考えられる。

  A. 同じ概念に異なる用語が当てられている
  B. 異なる概念に同じ用語が当てられている
  C. 類似した概念に類似した用語が当てられている

　同じ概念が異なる用語を持つ事例は様々な分野で見られる。たとえば、日本建築史では、「唐様」=「禅宗様」であり、「天竺様」=「大仏様」である。しかも、「唐様」=「禅宗様」は北宋の様式を指し、「天竺様」=「大仏様」は「天竺」つまりインドという名称を持ちながら、それは同じく中国の南宋様式を指すのである。同じ概念が異なる用語を持つ事例は、現代の製造業でも頻繁に発生する。つまり、同じ機能に対するメーカー間や製品間の違いである。たとえば、電源を入れて使用を開始する際のボタンの名称が、エアコンでは「運転」であり、テレビでは「電源」となっている。ただ、最近は、業界として用語統一を試みている団体もあり、改善の方向に向かっている点は付け加えておきたい。

　異なる概念に同じ用語を策定する例についても、分野が違えば起こりうる。もちろん全く異なる分野であれば、問題はないかもしれないが、同じ用語を使うということは近接領域であることも多く、そこから誤解が生じる可能性も高い。たとえば、「中間言語」という用語は言語処理の分野でも言語教育の分野でも使われる。言語処理における中間言語とは、自然言語を解析する際、特定の言語に依存しない意味表示のことを指す。一方、言語教育における中間言語とは、外国語学習者がまだ十分な外国語能力を習得していない状態、つまり、自分の母語と学習中の外国語の中間的な状態を指す[6]。言語処理では機械に言語を教え、言語教育では人間に言語を教える。近接分野だからこそ、この用語の混乱は煩わしい。

6　ただし、英語では、言語処理の「中間言語」は interlingua、言語教育の中間言語は interlanguage と、異なる用語が使われている。

類似した概念に類似した用語を策定するのは、当然のことではあるが、問題は類似点ではなく、相違点である。類似した概念だからこそ、その違いを知る必要があり、その違いが用語に表現されていなければ、理解が困難となる。たとえば、以前、あるワープロソフトに「語句チェック」という機能と「自動単語チェック」という機能があった。この2つの違いは、入力中にチェックするか、入力後にチェックするかの違いであったが、用語からはその違いが見えてこないのである。

では、ここに挙げたような問題を生じないようにするにはどうすれば良いか、次節では、用語策定の方法について論じる。

5.4 用語の策定と定義

5.4.1 策定の方法

新しい事物や概念に名称を付ける際にはいくつかの方法が考えられる。たとえば、前述の「中間子」は「陽子と電子との中間の質量をもつ素粒子」として命名されたし(『三省堂国語辞典第六版』)、Windowsが見た目の類似に基づいていることは明白だろう。前者は、複合語の前の要素が後ろの要素を説明する形であり、「マントル対流」「強気相場」「形態素解析」など最も頻繁に使われる。

後者のWindowsは、比喩による命名で、「マウス」「ビッグエッグ(東京ドーム)」「Oval Office(米大統領執務室、文字通りには「卵形オフィス」の意味)」「ひらめ筋」などがある。命名すべき対象が「マウス」のように印象の強い外観を持ち、かつ、機能を一言で言い表しにくいような場合、比喩は有効な手段である。たとえば、画面上のガイダンスに従っていればソフトウェアがインストールできたり設定できたりする機能が「ウィザード」と名付けられている。この機能は一言では表現しにくいし、Wizardを「魔法使い」と訳さずに「ウィザード」というカタカナ語にしたのは上述の認知性という点でも当を得ているだろう。ただ、比喩は一貫性がなくなるとユーザーに混乱を

きたす場合がある。たとえば、既にほとんどのユーザーは慣れてしまっていて奇異に感じないかもしれないが、「デスクトップ」という机の上に「壁紙」を張るのは、まともに考えれば、比喩として誠に奇妙なはずである。

5.4.2 定義の方法

さて、さきほどのOutlookの「ルール」の例で試みたように、適切な用語策定のためには、その概念の明確かつ簡潔な定義が必要である。ユーザー、読者、聴衆などの立場から見れば、まず専門用語に遭遇し、その意味を知るために定義を見るのが、通常だろう。しかし、用語を策定する側からすれば、まず定義を書き、そこから不要な情報をそぎ落として用語を策定するという順序になる。

定義の基本として、類概念と種概念の話から始めよう。『明鏡国語辞典』の説明を以下に示す。

> 類概念
> 論理学で、ある概念が他の概念を包括するとき、その包括する方の概念。ある概念の上位概念。「人間」に対する「動物」、「動物」に対する「生物」の類。
>
> 種概念
> 論理学で、ある概念が他の概念を包括するとき、包括される方の概念。ある概念の下位概念。「生物」に対する「動物」、「動物」に対する「人間」の類。

類概念と種概念の考え方を使った定義の公式は以下のような形になる。

〔その種概念のみが持ち、他の種概念が持っていない属性（＝種差）の記述〕＋〔類概念〕

たとえば、この公式を使って「人間」を定義すれば、〔直立二足歩行をする〕＋〔動物〕というような表現になる。

定義を始めるには、まず、最も適切な類概念を確定しなければならない。そして、適切であるためには、次の2点が満たされなければならない。

　ユーザーや読者に理解できること
　できる限り狭義であること

「できる限り狭義であること」とは、ヴュスター(1998)の表現を借りれば、「直近の上位概念」となる。たとえば、「シャンパン」を例に取ろう。カシオ計算機 XD-A9800 搭載の『明鏡国語辞典』(2009)では次のように定義されている。

　　フランス北東部シャンパーニュ地方産の発泡性ワイン。

この場合、「ワイン」が類概念であり、わかりやすい定義となっている。もちろん「ワイン」をより広義の「アルコール飲料」「飲み物」「液体」とすることも可能かもしれない。しかし、「フランス北東部シャンパーニュ地方産の発泡性アルコール飲料」とすれば、シャンパーニュ地方の地ビールを指すこともあるかもしれないし、「飲み物」とすれば、ジュースの可能性も出てくる。

他の種概念と区別するための属性(＝種差)については、機能、外観、履歴、材料、使用域などさまざまある。「シャンパン」の場合ならば、「フランス北東部シャンパーニュ地方産」であることと「発泡性」であることが種差になる。一方、同じ電子辞書に搭載されている『ブリタニカ国際大百科事典』は、炭酸ガスの圧力や発酵のさせ方を含む生産工程についても説明し、広義の「シャンパン」としての炭酸ワインにも言及している。また、『百科事典マイペディア』では、アルコール分が12度であること、一般的に白が多いがロゼもあること、乾杯によく使われることなどにも触れている。ただ、これらは付随的

な情報であり、ワインという類概念の下で、シャンパンという種概念を他の種概念から区別するために必要不可欠であるとはいえない。たとえば、

  乾杯によく使われるワイン

という定義でシャンパンを特定するのは、不可能ではないにしても最適ではない。つまり、定義において重要となるのは、どの属性によって他の種概念と区別されているかを見極めることと言える。
 ここまで述べてきた定義の方法は内包的定義と呼ばれ、最も一般的な方法である。もう一つ、外延的定義という方法を紹介しよう。今度は「ギター」を例に取る。『明鏡』による内包的定義は以下である。

  ギター
   8の字形をした胴と棹からなる木製の弦楽器。六本の弦を張り、指またはピック（つめ）ではじいて弾く。

 一方、外延的定義とは、ヴュスター（前掲）によれば「概念体系中の同一レベルにある全ての下位概念を列挙する」定義である。ただし、その下位概念をすべて言い尽くせるとは限らない。この外延的定義を使って「ギター」を定義するならば以下のような形になる。

  クラシック、フォーク、エレキ、12弦などの種類がある弦楽器

この方法は、「弦楽器」という上位の概念と「クラシックギター」「フォークギター」「エレキギター」などの下位概念で挟み込むことによって「ギター」を定義していることになる。
 内包的定義が演繹的手法、外延的定義が帰納的手法だが、実際の用語の定義に際しては、まず、内包的定義を提示し、外延的定義で例を出すとユーザー

や読者は理解しやすいだろう。

5.5 用語の管理と翻訳

5.5.1 用語集と辞書学

　用語を管理する基本は用語集の作成である。テクニカルコミュニケーターとしては、1冊のマニュアルの付録程度の用語集を作る場合もあるだろうし、一つの分野全体を包含するような大規模用語集を作成する機会もあるかもしれない。大規模な用語集で、しかも、その分野の専門家のみならず、近接分野や翻訳者も利用するものならば、当該分野の専門家とテクニカルコミュニケーターの共同作業となることが望ましいだろう。

　用語集も一種の辞書だとすると、言語学の応用分野である辞書学の知見が応用できる。辞書学では、辞書全体の構造（macro-structure）と見出し項目に含まれる情報（micro-structure）に分けて考える。全体構造は以下のような形になる。

　　　まえがき、その辞書の使い方、本文、付録

この中で考えるべきは本文における見出し項目の並べ方であり、並べ方には大きく2つの方法がある。一つは、概念間の関係に基づいて章を立てその中に見出しを配置する方法であり、もう一方は、五十音順に見出しを配置する方法である。前者の場合も、五十音順の索引は不可欠だろう。通常、用語集というと五十音順のものを思い浮かべるが、その分野全体の知識体系を俯瞰でき、自分が調べようと思う項目がその知識体系の中でどの位置にあるかが把握しやすいという点では、概念による配置も役立つ。いわゆる専門用語集ではないが、一般語の概念間の関係を元に作られている『分類語彙表』などは参考になる。ただ、今後、用語集はほとんどが電子化されていくことを考えると、全体構造のほうはさほど気にしなくてもよくなっていくかもしれない。

見出し項目には次の情報が盛り込まれていると役に立つ。

　　　用語見出し、読み仮名、英訳、下位分野、定義、追加の説明、他の用語
　　　との関係、参考情報、筆者

　もちろん、これらをすべて掲載する必要はない。付録2にいくつか実例を引いておくので参考にされたい。
　また、英語関連の辞書では、括弧の記号について次のような使い分けをしていることが多いので、参考までに触れておく。

　　　(　)　必要ない場合もあり
　　　[　]　直前の情報と入れ替え可能
　　　《　》　参考情報として

　このように、用語集作成には辞書学の知見を使うことができるが、今のところ、辞書学と用語学はあまり活発な交流を持っているようには見えない。たとえば、大学英語教育学会英語辞書研究会は、毎年辞書ワークショップを行っているし、語彙・辞書研究会も年2回開かれているが、専門用語辞書や用語集はほとんど取り上げられることがない。用語集に辞書学の知見を応用することができ、一般の辞書の中にも専門用語を収録する必然性があることを考えると、この2つの分野にはもっと交流があってしかるべきだろう。

5.5.2　翻訳の問題

　用語集といった場合、対訳用語集も視野に入れておく必要がある。岡谷・尾関(2003)も指摘しているように、「翻訳家はまっ先にターミノロジー学の重要性を感じる専門家」であり、用語集の必要性は翻訳者が最も切実である。どこかに大規模な用語集が存在し、そこにアクセスすればさまざまな分野の最新の用語が対訳で出ているならば、翻訳者にとっては大きな助けとなる

が、実際にはそんな用語集は存在しない。そうすると、取るべき手段の一つとしては、クライアントに確認することである。筆者自身、数人の翻訳者による訳語の統一のために、用語対訳集をあらかじめ作成し、翻訳の実作業に入る前にクライアントにチェックしてもらったことがあるし（森口2004）、一人の翻訳作業の場合もとりあえず用語集を作りながら進めることは多い。また、筆者が部分訳を担当したCowie (1998)についても同じ手法を取っていた。以下、用語集作成の注意点について、英語と日本語の間の翻訳に絞って話を進める。

　まず、前提として、専門用語の訳語は1対1であることが理想である。これは、前述したように、用語と概念が1対1対応であることを考えると当然だろう。日本語と概念が1対1で対応し、同様に英語と概念が1対1で対応するならば、日本語と英語も1対1で対応しなければならない。その結果、専門用語には通常、決まった訳語、定訳が決められる。一般語と異なり、文脈によって訳語を変えることはない。

　ただし、これはあくまで理想であり、現実的には必ずしも1対1とならないことも多い。英語では一般語と変わらない一単語であるにも関わらず、その日本語訳は専門的にならざるをえない場合もある。恐らくこの差は、表意文字を持つ日本語と表音文字しかない英語の造語力の差だと思われる。英語でも、education の edu- と、entertainment の -tainmen を組み合わせて edutainment のような新語を作ることはあるが、日本語に比べ例は非常に少ない。そのため、一般語を専門用語として用い、その英単語は一般語の訳語と専門的訳語の二通りを持つことになって、1対1の対応は崩れる。たとえば、security という語は、日本語でも「セキュリティ」というカタカナ語になっているほど一般的な語だが、これが securities と複数になると、金融関連の専門用語である「有価証券」の意味になる。また、分野が異なると、一つの語が全く別の意味で使われることもある。たとえば、default は、パソコン用語としては「初期状態」であるが、金融関連では債務などの「不履行」の意味になる。

逆に、複合語の訳の場合に注意すべきは、複合語の要素となる単語の統一性である。1対1の原則から言えば、一つの分野においては、すべての英単語が同じ訳語を持っていることが理想だが現実にはそうならない。たとえば、言語学の分野には lexical function という用語がありこの用語の定訳は「語彙関数」であり、function という単語は「関数」と訳される。一方、lexical functional grammar という用語の定訳は「語彙機能文法」であり、function は「機能」と訳されるのである。

結局、対訳用語集を作成するに当たって、統一性を維持しながらも、専門分野の日本語に合わせて柔軟な訳語を策定していくのが現実的と言えるだろう。

5.5.3 専門用語の規格と公的な動き

インターネットの「普及によって、これまで専門分野（同業者組合と表現）に専有されていた科学技術情報が専門外に拡散」しており、適切な専門用語の標準化が必要になっている（太田2008）。それにも関わらず、「専門用語の策定に関わる専門家はきわめてわずか」という状況である。

共通の基盤で専門用語を策定していくためには規格が必要となるが、この点について、国際的には ISO が以下を出している。ただ、これらは元々英語とフランス語を念頭に作成された規格であるため、日本の事情にそのまま置き換えることができない（仲本2002a）。

 ISO704: 2000 Terminology work—Principles and methods（用語作業—原則及び方法）

 ISO860: 1996 Terminology work—Harmonization of concepts and terms（用語作業—概念及び用語の調和）

 ISO1087-1: 2000 Terminology work—Vocabulary—Part 1: Theory and application（用語作業—用語集—第1部：理論及び応用）

 ISO1087-2: 2000 Terminology work—Vocabulary—Part 2: Computer applications（用語作業—用語—第2部：コンピュータ応用）

ISO10241：1992 International terminology standards—Preparation and layout（国際用語規格—作成及びレイアウト）

　また、国家規模の活動としては、常に公式文書を全加盟国の公用語に翻訳しなければならないEU機関では、翻訳者向けの大規模な用語データベースが存在するし（千代2005）、中国や韓国も専門用語に関する国家機関を設置している（太田、前掲）。米国では、国家機関ではないが、1万人以上の会員を有する米国翻訳者連盟（American Translators Association）が用語委員会（Terminology Committee）を持っている。

　一方、国内では、JISハンドブックなど、各分野内で用語の策定をしているが、分野横断的な基準はなさそうである[7]。かつて電子化辞書研究所が情報処理分野の大規模電子辞書を手掛けたが、研究プロジェクトとして区切りをつけた段階で終了し実用のためにアップデートを続けるには至らなかった。また、太田（前掲）は、2003年に学術用語集の出版を中断して以降、「国家的施策がない」としており、国立情報学研究所が提供するオンライン学術用語集も2013年1月以降サービスを停止していて復旧時期は未定という状況である。私企業として、日中韓辞典研究所などが200万語レベルの専門用語辞典を出している程度である。『ウィキペディア』や『英辞郎』のように、不特定の人間が自由に書き込むことで成長していく用語集もあるが、やはり信頼性についての不安感は否めない。

　各専門分野が日進月歩で進化・深化するとともに、学際的な動きも活発になっている今日、誰もが使える大規模用語集があれば、多くの人々の助けとなる。国家的プロジェクトとして大規模用語集構築が望まれるし、その際には、ぜひ、テクニカルコミュニケーターも参画すべきだろう。

---

[7] 2013年3月現在、筆者自身は知らない。もし、既に存在することをご存知の方がいらっしゃれば、是非ご教示願いたい。

5.5.4 一般的なコミュニケーションと専門用語

　最後に、蛇足を承知の上で1つだけ加えておく。本書における専門用語の話は、あくまでTCにおける取扱いであり、日常的なコミュニケーションに関してではない。TCにおける専門用語は、理論面でも実践面でも、わかりやすさを保ちつつ厳密でなければならないが、専門用語が一般語化して日常の会話に入ってきた場合、その厳密性は薄れる。たとえば、一般語化した仏教用語を例としたエピソードを森口（1996）に紹介しているので、ご興味があれば参考にしていただきたい。

本章の参考文献

> A.P.Cowie, Ed.(1998) *Phraseology : Theory, Analysis, and Applications.* Oxford University Press.（南出康世・石川慎一郎 監訳（2009）『慣用連語とコロケーション』くろしお出版）
>
> 石井正彦（1991）「専門概念の命名」『日本語学』第10巻第6号：24-28.
>
> 井上雅夫（2001）「学習者の立場から科学専門用語を見る—外来語由来の用語に関する問題—」『岩手大学教育学部附属教育実践研究指導センター研究紀要』第11号：101-114.
>
> オイゲン・ヴュスター（1998）『一般用語学入門および用語辞書編集法』中村幸雄・荒木啓介訳、情報科学技術協会（Eugen Wuster. *Ein fuhrung in die allgemeine Terminologielehre und terminologische Lexikographie.* Romantischer Verlag,1998.）
>
> 太田泰弘（2008）「専門用語策定の諸問題／日本語で書かれた専門用語は生き残れるか」『情報知識学会誌』18巻4号：315-322.
>
> 岡谷大・尾関周二（2003）『ターミノロジー学の理論と応用—情報学・工学・図書館学』東京大学出版会.
>
> 海保博之（2002）『くたばれ、マニュアル—書き手の錯覚、読み手の痾癇』新曜社.

影浦峡 (1997)「専門用語研究としての専門用語研究」『知識の自己組織化と専門用語シンポジウム予稿集』: 1-4.

影浦峡 (2002)「「専門用語の理論」に関する一考察」『情報知識学会誌』12巻1号: 3-12.

片山朝雄 (1997)「専門用語と新聞」『日本語学』第16巻2号: 4-12.

倉島節尚 (1996)「語彙選定の方針と方法」『日本語学』第15巻13号: 4-12.

倉島節尚 (1997)「国語辞典の編集」『新ことばシリーズ5・辞書』文化庁: 49-62.

倉島節尚 (2000)「語数をめぐるせめぎ合い」『言語』第29巻5号: 64-69.

眞田治子 (2002)「明治期学術漢語の一般化の過程―「哲学字彙」と各種メディアの語彙表との対照―」『日本語科学』11: 100-114.

三波千穂美・島本孝子・平湯あつし (2010)「TC専門教育カリキュラム・ガイドライン (中間報告)」『テクニカルコミュニケーションシンポジウム2010論文集』: 37-41.

三波千穂美・高橋尚子 (2011)「TC専門教育カリキュラムの検討」『テクニカルコミュニケーションシンポジウム2011記録集・論文集』: 54-58.

塩田雄大 (1997)「テレビと専門用語」『日本語学』第16巻2号: 13-20.

高橋昭男 (2000)「日本語社会におけるマニュアルの功罪」『日本語学』第19巻2号: 6-14.

玉村文郎 (1991)「専門用語の性格」『専門用語研究』第3号: 1-7.

千代正明 (2005)「日本法令の外国語訳整備の課題」『レファレンス』平成17年7月号: 6-23.

テクニカルコミュニケーター協会 (2011)『日本語スタイルガイド・第2版』テクニカルコミュニケーター協会.

仲本秀四郎 (1999)「専門用語と人間」『岩波講座・科学／技術と人間10: 技術と言語』.

仲本秀四郎 (2002a)「国際用語規格の国内化の経験」『情報知識学会誌』12巻1号: 40-44.

仲本秀四郎 (2002b)「用語「情報」―ターミノロジー的考察―」『情報の科学と技術』52巻6号: 339-342.

仲本秀四郎 (2005)『専門用語概論』日本図書協会.

仲本秀四郎 (2010)「専門部会 (SIG): ―ターミノロジー部会の活動」『情報の科学と技術』60巻5号: 203-207.

ニューメディア開発協会 (2004)『ユーザビリティ資格認定制度に関する調査・研究』.

ニューメディア開発協会 (2008)『製品情報のユーザビリティ専門家育成に関する調査・研究』.

藤原譲 (1997)「情報処理からみた専門用語」『日本語学』第16巻2号: 42-49.

三浦純恵 (1996)『取扱説明書の研究―使用実態からみた問題点・改善点』コア No.86、商品科学研究所.

水谷静夫 (1977)「語彙の量的構造」『岩波講座　日本語9　語彙と意味』: 43-86.

宮島達夫 (1981)『専門語の諸問題』秀英出版.

宮田紀世夫 (2001)『すぐに役立つ取扱説明書作成テクニック』日刊工業新聞社.

村田年 (1997)「経済学専門用語三字漢語の語構成―専門分野導入期の日本語教育の方法を探る―」『日本語と日本語教育』26: 1-11.

森岡健二 (1977)「命名論」『岩波講座　日本語2　言語生活』: 203-248.

森口稔 (1996)「仏教美術のターミノロジー」『専門用語研究』第12号: 13-14.

森口稔 (1999)「機能から名称へ―如何にして情報を縮約するか」『テクニカルコミュニケーションシンポジウム '99論文集』: 109-113.

森口稔 (2004)「訳文の統一性を目指した和英翻訳プロジェクトとその実践例」『テクニカルコミュニケーションシンポジウム '99論文集』: 5-8.

森口稔 (2008)「シンポジウムに見る近年の TC 傾向」『テクニカルコミュニケーションシンポジウム2008論文集』: 25-29.

山本昭 (1997)「ISO/TC307におけるターミノロジーの原理」『知識の自己組織化と専門用語シンポジウム予稿集』: 21-23.
渡邊容子・林陸朗・下村洋之助 (2001)「病歴総括に見る英語の専門用語分析」『群馬県立医療短期大学紀要』第8巻: 97-107.

6 専門家としての
テクニカルコミュニケーター

Knowledge itself is power. ―― Francis Bacon
（知は力なり。）

前章では「専門用語」について詳述したが、ではその専門用語を駆使する「専門家」とは何だろうか。また、テクニカルコミュニケーターは自らを「プロ」または「専門家」と呼んで差し支えないのだろうか。もし呼べないとするならば、我々には何が足りないのか。本章ではその辺りを探っていきたい[1]。これ以降は「プロ」＝「専門家」と考えて、「専門家」という表現で統一する。

6.1 専門家とは何か

6.1.1 専門家の条件

ひとまず TC から離れ、まずは「専門家とは何か」という問題から入っていきたい。ただ、敷田（2010）も指摘しているように、この点について正面から扱っている論考は意外に多くない。ためしに、国立国会図書館サーチ（http://iss.ndl.go.jp/）で、論文・記事を「専門家」というキーワードを入れて検索すると、5000件以上がヒットする（2013年3月28日現在）。ところが、そのうち2008年以降の論文・記事のタイトルから判断する限り、各分野の専門家としての視点や育成の問題を取り上げている場合がほとんどであり、何をもって専門家とするかに対する問いかけは見えてこない。本節では、その数少ない文献の中からいくつかを取り上げて、専門家の条件を提示する。

まず、上述の敷田自身による定義は以下である。

---

[1] 本章は『テクニカルコミュニケーションシンポジウム2012論文集』に掲載した「テクニカルコミュニケーターは専門家か？」に、必要に応じて手を加えた上で転載している。

6.1 専門家とは何か

> ある特定の分野において卓越した知識や技術・技能を持ち（場合によってはそれらを総合化・体系化している）、それを表現することができる人を指す。(p.37)

世に「オタク」と呼ばれる人々がいるが、「専門家」と「オタク」の違いは、この定義の後半に集約されている。「オタク」が職業として成り立たない理由は、特定分野における自分の知識や技能を、他人に伝達したり、社会に還元したりすることができない点にある。

理工系の研究者たちを中心とした専門家の内省とも言える佐藤 (1999) は、次のように、社会的な観点にも触れている。

> 社会が必要とする行為をある集団に独占的に託することに専門家の起源がある。…専門家には長期の教育訓練が必要であり、部外者がこれを評価できないから、多くの場合その集団に高い社会的地位を与え、また自主的運営を許容してきた。(pp.32-33)

一方、川井 (1993) は、専門的実務者の責任について法律的な側面からまとめ、「弁護士、司法書士、公認会計士、建築士など、主として「○○士」といわれる」専門家の契約時の法的責任について海外と比較しながら論じている。この本でいう専門家とは次のような人々となっている。

> 法律に基づいて一定の資格が認められ…契約の相手方である依頼者に対し、特殊領域の高度な情報を提供することを業とする (p.4)

米国では、教育関係の書物、Ornstein&Levine (1993) が、専門家の主な条件として次の4項目を挙げている (p.43)。

- 一般人を超える特定分野の知識と技能
- 免許基準の管理統制
- 特定分野における決定権
- 社会的評価とそれに見合う収入

この書物では、教師という職業が専門家であるかどうかを論じているが、7章で後述するように、TCと教育には共通点が見られるだけに興味深い。

Ornstein&Levine (1993) の4項目に、佐藤 (1999) と川井 (1993) を加味して、本書では、仮に、以下の5つを専門家の条件と考えてみよう。

A. 社会が必要とする[2]特定分野の知識と技能を有している
B. その知識と技能を持つために、長期の教育訓練を受けている
C. その知識と技能の専門家と称するには、一定の法的資格が必要である
D. その知識と技能を提供することにより、社会的評価とそれに見合う収入を得ている
E. その特定分野の決定権を有している

6.1.2 様々な職業の専門家性

テクニカルコミュニケーターがこの条件を満たすかどうかを考える前に、他の職業はどれだけこの条件を満たすのか、いわばそれぞれの職業の「専門家性」を考えてみよう。まずは、中世のキリスト教世界で3大プロフェッションと呼ばれた聖職者、法曹、医師から始めたい (小林2007: p.263)。

現代の日本人の感覚として「聖職者」は専門家のイメージからは若干外れる。恐らくその大きな理由は条件Aの「社会が必要とする」という点だろう。聖職者である仏教の僧侶や神道の神主に、一般の人々が世話になることは日常ほとんどない。葬式だけはまだ僧侶を呼ぶが、結婚式は神前結婚式以外も

---

[2] 犯罪の世界において、拘摸の専門家、詐欺の専門家、金庫破りの専門家などが存在するかもしれないが、この条件によって除外される。

多い。寺院や神社は、街の憩いの場であったり、観光名所となっているが、そこを訪れる人にとって必要なのは、場所や物であり、僧侶や神主という人ではない。また、条件Cについては信仰の自由や政教分離という観点から法律は介入できない。たとえば、宗教法人法という法律は存在するが、あくまで法人に関する法律であり、聖職者個人に関する条文はない。聖職者の提供するサービスが、つまるところ、精神的なものであることを考えると、Eの決定権は常にサービスを受ける個人にあり、聖職者にはない。条件Dの収入については信頼すべき資料が手元にないため何とも言えない[3]。こう考えると、現在の日本社会において、聖職者は専門家としての5条件のうち満足しているのは、Bだけということになる。

　法律家はどうか。法律の専門家と聞いてまず思い浮かべるのは司法試験、つまりCである。条件Bはこの条件Cをクリアするために必要となるものであり、大学だけでなく、司法試験専門の予備校や独学の場合も入るだろう。条件Eについては、裁判官以外は、広い意味でアドバイスの提供であり、必ずしも決定権を有しているわけではないだろうが、法律家のアドバイスに異を唱えることは一般的には難しい。条件Aは言うまでもないし、Dもカバーしていると言えるだろう。このように考えると、法律家は、5つの条件をほぼ満たしていることになる。

　医師が専門家であることは誰もが認めるところだろう。社会的に必要とされる知識と技能を持っているし、医学部の教育年限は他学部よりも長く、国家試験に通らなければ医師免許はもらえない（医師法第2条）。インフォームドコンセントの普及により患者が決定権を持つ場合があるとしても、実際の治療に入れば医師が決定を下す場面が多いだろう。社会的評価と収入が高いことは言うまでもない。やはり、医師は5つの条件すべてをクリアしている。

　法律家や医師のように、明確な専門家とは言いにくい職業も検討してみよう。料理人、タクシー乗務員、政治家、技術者の4つはどうだろうか。

---

[3] 具体的な例は控えるが、「僧侶」と「年収」をキーワードに Google で検索して出てきた例を読む限り、一般のイメージほど僧侶の年収は高くないようである。

料理そのものは人間の食欲を満たすという点で、社会が必要としているが、料理人はどうか。仮に世の中の人間が全く外食をせず家庭で作った料理を食べるならば、プロの料理人は不要となる。実際にはそんな事態は起こりえないとしても、景気の良し悪しが外食産業に与える影響を考えると、社会的必要性については疑問があり、Aを満たしているかどうかは微妙である。教育訓練については、料理の専門学校はあるが、必ずしもそこを卒業しなくとも料理の世界に入ることはできる。ただ一人前のコックや板前となるには、長年の修業が必要であると言われ、これを長期の教育訓練と考えれば、条件Bを満たしている。飲食店を経営するためにはその店に少なくとも一人、食品衛生責任者が必要だが（食品衛生法施行条例など）、必ずしも料理人である必要はない。実際、食品衛生責任者になるには6時間ほどの講習を受ければ良いだけであり、厳しい資格ではない。そうすると、条件Cは半分程度だろうか。料理人の場合、最も判断が難しいのが条件Dである。調理師免許を持っていても雇われている身であれば必ずしも収入は高くないし、自分の店を持っていても、その店が繁盛していなければ平均的な収入にすら届かない。もちろん「料理の鉄人」と呼ばれるような人たちならば社会的評価とそれに見合う収入を得ているだろうが、行列ができるたこ焼き屋は、収入を得ていても、社会的評価については難しい。条件Eについて言えば、客は料理に対してのリクエストを出すことはできるが、厨房での決定権は料理人が持っている。このように考えると、料理人が専門家と呼ばれるかどうかについては個人によりかなり幅が出てくると考えられる[4]。

　タクシー乗務員の場合、条件Aの「社会が必要とする」という点については料理人以上に不安定である。世の中のすべての人が電車やバスを利用するか、自家用車を持てば、タクシーは社会にとって必要なものではない。事実、タクシー利用率は外食産業以上に景気に左右されやすい。知識と技能は、営業区域の地理的知識や運転技術に加え、自動車そのものの基本知識や接客マ

---

[4] 余談だが、筆者の実家はかつて祖父と父が寿司屋を営んでおり、そのときに見聞きしたことも参考にした。

ナー、地域によっては観光情報なども必要となる。条件Cの法的資格としては第二種免許が必要であり（道路交通法第86条）、第二種免許を取るためには、第一種免許を取得してから3年が経過していなければならない。自動車教習所での訓練を「長期の教育訓練」と呼ぶことはできないだろうが、第一種免許取得後の3年間をそう考えることは可能かもしれない。ただ、料理人の下積み時代のように誰かから実地の訓練を受けるわけではない。社会的評価と収入は料理人に比べて低いだろうし、「料理の鉄人」のような「カリスマタクシードライバー」は想像しにくい。タクシー業務での決定権とは、つまり、目的地までどの道を辿るかということになるが、これは基本的に持っている。このように考えると、5つの条件のうち3つであるが、料理人に比べ、個人による幅はない。

　政治家はどうか。Aの「特定分野の知識」が政治界に必要なのかどうかについて、まず疑問が浮かぶ。タレントやスポーツ選手が選挙でいきなり国会議員になるのが日本のみならず政界の現実である。その意味で特定分野の知識を得るための長期訓練も全く必要には見えない。つまり、Bも当てはまらない。法律に基づく資格は年齢と国籍だけであり（公職選挙法第10条）、これは「知識と技能に関する法的資格」とは言えないので、条件Cも満たしていない。政治家の場合、Dの社会的評価は判断が難しい。周囲の人間が頭を下げるとしてもその政治家が社会的に評価されていることが理由だとは必ずしも言えない。収入については、国家の政治に携わり、資金集めに奔走すれば、料理人やタクシー乗務員の比ではないだろうが、小さな自治体の議員の収入は決して高いとは言えないし、国会議員でも清廉潔白であれば、庶民感覚とかけ離れた額を得るわけではないだろう。うがった見方をすれば、政治家の場合、社会的評価と収入は反比例の関係にあるのかもしれない。Eの決定権については、政治家個々人にはなくとも、議会という政治家集団に委ねられている点を考えると、クリアしている。とすれば、政治家の場合、5つのうち

満足するのは、条件Eの1つだけとなる[5]。

　技術者の場合、条件Aについての疑問はないだろう。教育訓練については、理工系の学部学科を出ている場合がほとんどであり、経済学部卒のソフトウェアエンジニアなども時に見かけるが、その人たちも料理人で言えば、下積みに当たる時代が必要であったと考えると、条件Bはクリアする。また、電気工事士、放射線取扱主任者など、ある業務を行うには、その資格を持った人間が必要であることが法律で定められていることも多いし（電気工事士法、放射性同位元素等による放射線障害の防止に関する法律）、科学技術全般をカバーする高度な資格として技術士法が定める技術士という資格も存在する（技術士法）。ただ、医師と異なり、そういった法的資格がなくとも、技術者と称することはできる。社会的評価や収入については、技術者であるかどうかよりも、技術の内容や勤務先に依存するだろう。このように考えるとCはグレーゾーン、Dは個人によると言える。決定権については、形式上の決定権と実質的な決定権の二通りの見方がある。筆者が勤務していたメーカーでは、事業部は、企画部、技術部、製品品質部の3部門に分かれていた。いわゆる「プラン、ドゥー、チェック」の部門と考えてよい。企画部も製品品質部も技術畑出身の人間が多いが、現役の技術者集団と呼べるのはやはり技術部である。何を作るかという基本的な決定権は企画部にあり、問題点が出た場合にそれを修正せよという製品品質部からの要請は絶対的なものがある。その意味では、間に挟まれた技術部には決定権がないようにも思えるが、実態はなかなか微妙である。企画部が出した仕様に対しても、製品品質部が出した修正に対しても、「技術的に不可能だ」と主張すれば、現実的には企画部も製品品質部も沈黙せざるを得ない。その意味では影の決定権を持っていると言えるかもしれない。このように考えると、技術者は、3つから5つの条件をクリアし、専門家と言えるギリギリのところなのかもしれない。

5　同じく余談だが、筆者の配偶者の父は小さな地方自治体の議員を務めていた。収入は高いとは言えなかったし、議員になる前は古物商を営んでおり、政治に関する教育訓練を受けた経験はなかった。

上記の点をまとめると次の表のようになる。

様々な職業の専門家性

	A	B	C	D	E
聖職者	×	○	×	?	×
法律家	○	○	○	○	○
医師	○	○	○	○	○
料理人	△	○	△	?	○
タクシー乗務員	△	○	○	×	○
政治家	×	×	×	?	○
技術者	○	○	△	?	○

さて、ここで挙げた職業と比べてテクニカルコミュニケーターはどうだろうか。次節ではテクニカルコミュニケーターを5つの条件に照らし合わせてみていきたい。

6.2 専門家の条件とTC

6.2.1 社会的必要性

テクニカルコミュニケーター自身がTCの社会的必要性を認識していることは当然であるとしても、それが一般にも認識されているかどうかは疑問である。たとえば、2011年3月11日に起きた東日本大震災からの復興時もTCは社会に貢献することができたはずである。人的資源と物資の需要と供給が噛み合っていなかったとき、もし政府が情報の流通をまっ先に考え、TC的な観点に立ってわかりやすいコミュニケーションを心がけていれば、もう少しスムーズな対応ができたのではないか。

一例を挙げれば、放射性セシウムで汚染された稲わらを食べた牛の肉を、畜産農家が誤って出荷してしまった問題がある。農林水産省は2011年3月19日と4月14日に飼料についての通知を出している。3月19日に発行された通知の農家向けの部分「畜産農家の皆様へ」を次ページに示す。

4月14日の2回目の通知も同様のレイアウトや文体であり、緊急性を感じ

させるものではない。この文書では、最も肝心な「汚染の可能性のある飼料を与えてはいけない」という禁止事項がどれだけの厳格さを持っているのか、受け取った農家の方々には見えてこない。「使いましょう」という文体は場合

農水省の発行した文書例

畜産農家の皆様へ

　原子力発電所における事故に伴い、通常よりも高いレベルで放射線量が検出されている地域があります。

　このような地域では、粉じん等に付着して落下してくる放射能をもつ物質（放射性物質）が飼料や水にかからないよう、当面の間、飼養管理に当たっては以下の点に注意してください。

　1　飼料
　家畜に放射性物質がかかった牧草、乾草、サイレージなどの飼料を与えることがないように、
　（1）事故の発生前に刈り取った飼料を使いましょう。
　（2）倉庫など屋内で保管された飼料を使いましょう。
　（3）屋外で保管されている飼料については、ラップ等で空気に触れない状態で保管されたものだけを使いましょう（念のため、使う前に乾草等を覆っているラップ等を布で拭いたり、水洗いしましょう。）。

　2　家畜の飲用水
　飲用水が落下してくる放射性物質に汚染されないように、
　（1）水道水や井戸水を使用し、わき水や流水等の使用は避けましょう。
　（2）貯水槽には蓋をしましょう。
　（3）舎外の水槽等で水を与えることは避けましょう。

　3　その他
　舎外で飼養すると、水、草や土から放射性物質を摂取する可能性があります。当面、放牧等はやめて畜舎内で飼育しましょう。

によってはオプションと解釈しても仕方のないことなのである。

　もしテクニカルコミュニケーターが文書顧問として農水省のこういった文書に目を通す機会があり、禁止事項をより明確にわかるように文書の修正をしていれば、この汚染牛肉の問題は防げた可能性はある。この事故に限らず、「防災マニュアル」の作成なども含め、災害時に TC が貢献できるところは大きいはずである。

　もう一つ、TC の社会的必要性に関連する例を挙げよう。2012 年 1 月 14 日に起きた大学入試センター試験での問題冊子の配布ミスである。これは、本来ならば 2 冊同時に配布されるべき問題が配布されなかったため、一部の受験生が不利益を受けることになり、再受験等を実施せざるをえなくなった問題である。この問題は複数の試験会場で起こっており、その原因の一つが試験監督者向けのマニュアルの不備だったとされる。ここでも、もしこのマニュアル作成にテクニカルコミュニケーターが携わり、全体を監修していれば事前に予防できた可能性はある。

　このように考えると、TC が社会的に必要であることは明白である。それにも関わらず、その必要性を認知されていない理由の一つは、TC の防衛的性格のためと言えるだろう。たとえば、実際にマニュアルを書いているテクニカルライターは別として、一般の人々は、「良いマニュアル」を意識する

お役所は TC を受け入れない?!

この汚染稲わらの文書の問題をある地方公務員に話をした。彼は自身が公務員であるにもかかわらず、公務員業務の無駄を知り尽くしている。その彼が言うには、この文書の曖昧性は「わざとではないか」という話だった。もし、汚染された可能性のある稲わらを使わないことを明確に指示した場合、万が一、後になって安全であるとされたら責任問題になるから、という理由だった。明確な指示をすれば、それが間違っていた時、責任問題になるが、曖昧な指示ならば、どちらに転んでも大きな責任は問われない。指示をしたという事実だけは残せるわけである。公務員とはそういう考え方をする生き物らしい（日本の大企業の社員もそういう点はあるかもしれないが）。もし彼の推測が正しければ、日本の公務員制度が現状のまま維持されるかぎり、TC の発展は難しい。彼の推測が間違いであることを祈る。

ことはない。マニュアル通りに操作すれば、その製品が使えて当たり前であるし、禁止事項は明示されていて当たり前なのである。マニュアル通りに操作しても製品が動かなかったり、やってはいけないことが書かれていなかったりしたときに初めて「マニュアルが悪い」と意識される。マニュアルに限らず、TC の目指すわかりやすさとは、実現すればするほど透明になっていき、一般の人々は意識しない。つまり、TC は品質が悪い場面で初めて認知されることが多く、逆に、品質が高いほど、社会的な必要性が意識されにくくなるという皮肉な結果となる。それについてどう対処するかは、「6.3.2 TC の広報活動」で述べるので、ここでは触れないが、TC がそういう性格の分野であることは知っておくべきだろう。

さて、社会的必要性を確認したところで、その裏打ちとなるテクニカルコミュニケーターの知識と技能に入っていこう。

6.2.2 特定分野の知識と技能

1 章で定義した TC の定義は以下であった。

> TC とは、受信者の知らない技術的・専門的な情報や知識を、グラフィック・テキスト・音声などを通し、わかりやすく伝える技術を指す。その基礎は古代ギリシアの修辞学にまでさかのぼるが、現代の科学技術にも幅広く応用可能であり、取扱説明書、ユーザーインターフェイス、産業翻訳などの実務はその代表と言える。

TC の技能とはまさにこの定義の通りであり、TC の知識とはその技能を支える知識である。キーワードは「受信者の知らない専門的な情報や知識」「グラフィック・テキスト・音声」「わかりやすく」の 3 つだが、「わかりやすく」については、2 章で詳細を述べたので割愛する。以下、残りの 2 つを見ていこう。

まず、「受信者の知らない専門的な情報や知識」である前に、テクニカルコ

ミュニケーター自身が最初からその情報や知識を持っているかどうかという点がある。持っている場合は問題ない。しかし、持っていない場合、まずはテクニカルコミュニケーター自身がその情報や知識を理解しなければ始まらない。マニュアルを書くには、仕様書を読み、αバージョンか、せいぜいβバージョンの製品を使ってみて、それがどんなものかを知らなければならない。論文を訳すには、専門用語の意味を知り、要点を著者に聞かなければならない。その際に最も重要な能力は、それまで知らなかった情報や知識を自分の中で組み合わせて一つの体系を作り上げる論理的思考力である。これがなければ、TC は始まらないと言っても良いだろう。

　グラフィック・テキスト・音声については、基本的な知識とツールの知識が必要となる。ただし、この3つを一人で使いこなすことはなかなか難しい。それぞれ、テクニカルイラストレーターやテクニカルライターにとっての知識と考えればよい。グラフィックの場合ならば、色の名前、補色関係、寒色・暖色などの色彩の知識や、遠近法、構成、量感などの形に関する知識を基本的知識として備えておかなければならないし、ツールとしての描画ソフトについての知識は言うまでもない。テクニカルライターは、語彙や文法など言語に関する知識を持っていなければならない。ツールとしては、ワープロを使いこなせることはいうまでもないが、言語処理技術や辞書についても知っていると助けになる。音声専門のテクニカルコミュニケーターが存在するかどうか不明だが、もし存在するならばイラストレーターやライターと同じように、音声そのものについての知識とそれを加工するツールの知識が必要となるだろう。

　ちなみに、TC 協会 (2000) では、TC 技術をコア要素と周辺技術に分けて、以下のように定義している。

　　コア要素
　　　　情報を相互に伝達するために、その情報を言語または図で表現する技術。言い換えれば、読む・書く・話すといった基本的なコミュニ

ケーション技術
　　周辺技術
　　　ある情報を伝達するために特定のメディアを使用する技術、または、伝達する状況に関する特有の知識や技術

コア要素はさらに「伝えるべき情報を理解すること」「伝えるべき相手を理解すること」「言葉やビジュアル表現を適切に操ること」から成る。細かい点で本書とは切り分け方が異なるが、総合すれば、TC の知識と技能として同様のことが述べられていると言える。

　さて、これらが専門家としての条件 A を満たしているかどうかである。まず、知識に関しては、色彩や文法や音声については、テクニカルコミュニケーター以上に、それらを専門とする研究者のほうが知識が豊富だろうし、ツールの知識についても開発者にかなうはずがない。一方、技能のほうだが、上述の定義の「受信者の知らない専門的な情報や知識を、グラフィック・テキスト・音声などを通し、伝える意図を持って、わかりやすく伝える技術」は、テクニカルコミュニケーター以外の職種の方は持っていないのかと問うと、答えは「否」である。学校教員やマスコミ関係者が持つべき最も重要な技能は、まさに、TC であると言える。

　このように考えると、条件 A の「社会が必要とする特定分野の知識と技能」のうちの「特定分野」がテクニカルコミュニケーターに欠けていることになる。ただ、「特定分野」に関わらず、「どのような分野であれ、わかりやすく伝える」ことができることが、テクニカルコミュニケーター独自の技能だとすれば、条件 A はクリアすることになるだろう。

6.2.3　教育訓練と法的資格

　本書の冒頭で述べたが、現在、日本には TC を専攻できる大学が存在しない。試みに、Google で「テクニカルコミュニケーション専攻」と「大学」をダブルクオーテーションで囲んで検索してみると、結果は筆者を含め米国での

学歴に関するものばかりである（2013年5月27日現在）。前節で挙げた料理人の場合も料理を専攻できる大学がない点では同様だが、料理の場合は専門学校がある。「調理専門学校」というキーワードで検索すると、一見しただけでも「辻調理師専門学校」「京都調理師専門学校」「東京調理師専門学校」「愛知調理専門学校」など、多数の学校が出てくる。一方、「テクニカルコミュニケーション専門学校」で検索しても、TC を専門とする学校は見つからない（同日）。つまり日本でテクニカルコミュニケーターになるには、学校での教育訓練を受けずに、いきなり現場に入り、そこで修業するしか、現在のところ道はないことになる。

　一度、実務の世界に入ってしまえば、TC 協会が実施するセミナーなど、研修の機会はある。たとえば、2012年度に TC 協会が実施したセミナーは「英文ライティング」「トピック指向ライティング」「安全規格」「表現設計」などである。また、東京と関西で年1回ずつ開催されるテクニカルコミュニケーションシンポジウムに参加して研鑽をつむこともできる。TC 協会以外も、ノウハウを持っている個々の企業や団体が開催するセミナーがあり、教育訓練の機会には事欠かない。

　ただ、それらが条件 B の「長期の教育訓練」と呼べるかどうかは意見が分かれるところだろう。医師や法律家に比べれば短いかもしれないが、料理人やタクシードライバーとは同等以上の期間だろうか。

　条件 C の法的資格はどうか。テクニカルコミュニケーターを名乗るため

大学の専攻と専門家

大学の医学部を出ればほとんどの人が医者になる。恐らく看護学部の場合もそうだろう。それに比べると、工学部を出て技術者になる人の割合は低くなりそうである。さらに言えば、経済学を専攻して経済の専門家になる人や、英語を専攻して英語の専門家になる人はどの程度いるのだろうか。しかし、それを専攻して専門家になる人が少ないからと言って、その専攻課程が無意味なわけではない。専攻課程がなければ専門領域の研究が成り立たず、その分野の発展も望めないし、専攻したけれど専門家にならない人たちも、その知識は自分自身および社会にとって何かの役に立っている。そういった観点からも日本の大学に TC 専攻課程が誕生してもらいたい。

には、いかなる資格も必要ない。筆者はメーカーに勤務していた際、自分の名刺に「テクニカルコミュニケーター」と書いていたが、これを誰かに咎められた経験はない。以下に紹介するTC協会の資格は業界内部では効果を持つと思われるが、医師や法律家と異なり、その試験に合格していなければ職業に就けないわけではない。その意味で、条件Cはクリアしていない。

　参考までに、年2回実施されているTC技術検定に触れておく。この試験は1997年に始まり、2009年に若干枠組みを変更しながら現在も続いている。たとえば、2011年度には以下のいずれかを受験することができた。

> 3級 テクニカルライティング試験（会員8,400円、非会員12,600円）
> 2級 使用説明制作ディレクション試験（会員13,650円、非会員21,000円）
> 2級 使用説明制作実務試験

3級に関する詳細をTC協会のホームページ　(http://www.jtca.org/certificate_exam/exam_writing_b.html) から引用しておこう。

> 3級テクニカルライティング試験で問われる技術水準
> 　日本語の表記、文法、用字・用語を含む日本語スタイルガイドやライティング技術の理解度および到達度を問う。加えて、ライティング技術を深めるために必要なテクニカルライティング技術の要点（情報理解と文脈の組み立て、推敲とリライト、読み手を考えたライティング技術）、テクニカルコミュニケーション技術の基礎（表現設計、文書の構造化、ライティングツール、コンプライアンスなど）が試験範囲に含まれる。

2級の2つの試験についても同様の説明があり、それぞれTCの実務に直結した知識や技能を問う問題であることがわかる。

　1つ難点があるとすれば、この資格が、医師や法律家の場合と違って、い

わばオプションであるにも関わらず、高額であることだろう。後述するように、テクニカルコミュニケーターの収入が必ずしも高くないことを考えると、もう少し安価なものであって欲しい。

ちなみに、2013年の他の各種試験の受験料は下記である (2013年5月28日現在)。

司法試験 (電子出願)	28,000円[6]
医師国家試験	15,300円[7]
調理師試験	6,300円[8]
技術士第1次試験	11,000円
技術士第2次試験	14,000円[9]

6.2.4 社会的評価と収入

テクニカルコミュニケーターの場合、社会的評価以前に、業種もしくは分野自体が社会的に知られていない。TC先進国の米国でさえ、テクニカルコミュニケーターの社会的認知度が低いことはHouser (2000) に面白おかしく書かれている。取扱説明書が分かりにくい文書の代表のように言われるのも、社会的評価の低さの一例とも考えられる。科学技術の話でさえあれば全くわかりにくくてもTCだと誤解されている場合もあるし、「工業英語」の類義語として使われていることもある。その意味では、前述したどの職業より

6　法務省の司法試験についてのホームページ (http://www.moj.go.jp/shikaku_saiyo_index1.html) による。
7　厚生労働省の医師国家試験についてのホームページ　(http://www.mhlw.go.jp/kouseiroudoushou/shikaku_shiken/ishi/) による。
8　厚生労働大臣指定試験機関・社団法人調理技術技能センターのホームページ (http://www.chouri-ggc.or.jp/09_chourishi.htm) による。受験料は地域によって若干の違いがあるので、東京を例に取った。
9　公益社団法人日本技術士会のホームページ (http://www.engineer.or.jp/) による。第1次試験に合格した時点で技術士補となる資格を有し、第2次試験に合格して技術士となる資格を得る。

も社会的評価は低いのかもしれない。

　社会的な認知度が低いだけではなく、メーカー社内ですら、TCの評価は低い。筆者が米国の大学院でTCを学んで帰国した際の上司の反応は4章で述べたし、そのメーカーでTC部門の直属の上司から、「昇進は、ハードウェア技術者、ソフトウェア技術者、企画担当者の順番で、マニュアル担当者は一番最後」と言われたことは忘れられない。

　社会的評価が低くとも収入が高ければ満足できるはずである。残念ながら、国内のテクニカルコミュニケーターの収入に関して客観的なデータを集めた文献は管見では見当たらないが[10]、主にマニュアルを書くテクニカルライターに絞ってインターネットを拾ってみると、次のような例が見つかる。ただ、以下に挙げた情報は、2013年度3月現在、なぜか4件ともすべて削除されている。

　　入社5年目30歳、モデル年収：550万円程度（諸手当込み）

　　制作会社勤務では未経験で月収20万円程度。ベテランで年収700万〜800万円まで。フリー独立の場合、1日3万円、年間1200万円程度まで。

　　書き起こしのマニュアルの場合は、1ページあたり5,000円以上。翻訳の場合は、400字あたり1,500円〜3,000円以上。雑誌の連載は、1ページあたり1万5,000円〜2万円。

　　マニュアル作成では、DTPで翻訳から挿絵づくり、レイアウトまで全部やって、A4の版下1枚あたり4,000円ぐらいからが相場。ローカライズの料金はソフトの種類と仕事のタームによってまちまちだが、

---

[10] 米国ではSociety for Technical CommunicationがSalary Databaseを作成して、有償で公開している。日本でも、たとえば、TC協会がこういった動きをしてほしいところだが、調査を実施するには会員数が十分ではないかもしれない。

1本100万円を超えるケースもある。ひとつの仕事がお金になるまで、半年から1年程度かかることも珍しくない。

加えて、「時給1000円未満で、40歳を過ぎてそれなりの収入を得ているのは、100人に1人ぐらいだ」という意見（http://www.sohovillage.com/forum/2007/12/1197399970/）があったり、「1カ月の収入が9万円だったこともある」という話も聞いたことがある（個人的談話）。その一方で、「36歳の平均年収としては800万円程度」という情報もある（http://www.japanese-salary.com/technical-writer.html）。ただし、この2つのサイトも削除されてはいないが、情報は若干変更されているようである。

このように、実情は明確ではなく、他の職種と比べての高低もわかりにくい。しかし、少なくとも、法律家や医師に比べれば、低いことは想像できるし、実際にTCの実務に就いている人間の感覚としても、社会的必要性、能力、労力に見合った収入を得ているという実感はないだろう。ただし、外から見れば、いわゆるカタカナ語の職業であり、パソコンを駆使してマニュアルを書いていると聞くと、世間では高収入ではないかと思われている可能性もある。また、テクニカルライティングではなく、産業翻訳に関してであるが、かつて筆者がメーカーの翻訳システムの仕事をしていたころ、システムの開発者が「翻訳の仕事をされている方っていうのは、もっと儲かってるのかと思っていました」と話していたのを聞いて、現状認識の不足に驚いた経験もある。

6.2.5 決定権

業務においても、場合によっては文書の内容に関する決定権すら持っていないこともある。マニュアルに限らず、組織として何らかの文書を発行するような場合、記載してほしいことと記載したくないことが部門によって微妙に異なる。そのため、メーカーの場合であれば、マニュアル部門は、企画、技術、品質管理、営業など、異なる部門の仲介役を務めなければならない。もち

ろん、その仲介の過程で自らの主張を挟んでいき、それとなく自分の考える方向へ導いていくことは可能かもしれないが、書くべき内容についての決定権は表面的にはない。

　内容だけではなく、表現に関しても、他部門から横槍が入ることがある。特に日本語については、日本人であれば誰もが使えると思っているため、自分の感覚に合わないと思ったら、こちらの表現を修正しようとしてくる。ただ、多くの場合、それは「直観的」であるために修正すべき理由を彼らは説明できない。他部門の指摘通りの修正をしても、文の流れの大勢に影響がない場合は従っておいた方がその後の人間関係は良好だろう。しかし、その直観に従った場合、ユーザーが誤解したり、文法的に間違った表現になってしまうならば、テクニカルコミュニケーターは自説を通す必要がある。その際の武器となるのが、2章で説明した「わかりやすさのストラテジー」や3章で説明した「言語学的知識」である。いわゆるインハウスのテクニカルコミュニケーターを例にしたが、他部門をクライアントと置き換えれば、制作会社やフリーランスでも同じことが言える。

　テクニカルコミュニケーターとしては、他部門やクライアントから要求された内容を並べているだけならば、仕事としてのやりがいがなくなる。それをどう表現するかを工夫し、最低限、表現に関する決定権は確保しておくべきであろう。また、表現が微妙に内容に影響を与えること、言い換えれば、「文書の持つ力」を意識することで、決定権についても若干の満足感を得られるのではないだろうか。

英語の修正

他部門からの表現の修正に関する指摘について、面白い経験がある。海外向けの英語の取扱説明書を制作していた際、技術部門に内容の確認を依頼すると、ある英語の表現に修正が入った。修正をしてきたのは、技術部門の中では英語ができるほうの人物で、自分も英語に自信を持っていたようである。彼は、筆者が英語教師や翻訳ソフトの開発を経験し、アメリカの大学院でTCを学んできたことを知らなかった。その彼が要求してきた修正は明らかに文法としての間違いがあったため、修正を行わず元通りの英文で通した。その後、彼が筆者の経歴と英語力を知ってからは、表現についての修正はなくなった。

6.3 専門家としてのテクニカルコミュニケーター

6.3.1 専門家の条件への疑問

　以上、テクニカルコミュニケーターという職業を、前述した専門家の条件と照らし合わせてみて、次のようなことが見えてきた。TC は、社会的必要性があるにもかかわらず、それが認知されていない。テクニカルコミュニケーターには、特定分野の知識は必要なくても、独自の技能は持っている。TC 専攻のコースを置いている大学はまだ日本にはなく、テクニカルコミュニケーターを名乗るのに、必ずしも長期の教育訓練がいるわけではない。TC 協会が検定試験を実施してはいるが、法律に基づいた「○○士」と呼ばれる TC 関係の法的資格は存在しない。社会的に認知されていないため、評価の対象ですらないし、収入は高いとは言えない。場合によっては、仕事における決定権もない。

　では、テクニカルコミュニケーターは専門家ではないのだろうか。しかし、実は、専門家の代表的存在である医師ですら、上述の専門家としての条件を満たすようになったのは近代に入ってからに過ぎない。明治に入るまで医師免許制度はなかったし、長期の教育訓練もなく、だれでもが医師を名乗ることができた。腕が良ければ社会的評価と収入はそれなりに得ることができただろうが、現在の医師の収入と比較した場合、どうなのかはわからない。また、士農工商の身分制度を考えたとき、武士の診療において、どの程度まで決定権を持っていたか、疑問が残る。医師以外の職業についても同様のことが言えるだろう。つまり、かつては専門家と言えなかった職種が近代になるにつれて、どんどんと専門家化しているのである。

　専門家の範囲が広がると同時に、専門家のための教育訓練や法的資格も高度のものとなっている。一例を挙げよう。京都の東山付近に、滋賀県の大津から京都の山科、蹴上、伏見を経て宇治川に至る琵琶湖疏水が流れている。これは1890年に完成したものだが、この建設工事の主任技師となったのが、現

在の東大工学部の前身である工部大学校を卒業したばかりの田辺朔朗という青年だった。田辺は卒業論文として疏水を研究していたため、当然と言えるのかもしれないが、当時は大学を卒業した時点で既に専門家と見なされたのである。現在では、たとえ大学院を出たとしても、卒業後すぐに主任技師となることはありえないだろう。つまり、専門家として求められる教育訓練がより高度になっていると言える。

恐らくこれはすべての職業について当てはまる。昔は教育機関などなかった技能を専門学校が教え、昔は専門学校で教えられていた知識が大学で教えられるようになり、昔は4年で卒業していた専門が6年制になる。料理の専門学校があり、薬学部が6年制になったことなどはその現れだろう。

同じ流れはTCに対しても期待できるはずである。ただし、そのためにはTCが社会的にその意義を認められなければならない。既に述べたように、TCが社会に必要であることは明白であるにも関わらず、社会がそれに気づいていない。それならば、TC関係者自身がそれを認めてもらう方策を取るしかない。いわば、TC自体の営業活動を展開しなければならないのである。

6.3.2 TCの広報活動

TCの社会的認知を上げる方法はいくつか考えられるが、筆者自身が実践してきたことを紹介する。

まず、名刺である。前述のように、筆者はメーカーに勤務していたとき名刺に「テクニカルコミュニケーター」という肩書を入れておいた。TC関係以外の方にその名刺を渡したとき「何のことですか」と聞かれれば、待ってましたとばかりにTCの説明を始めたものである。

次に自己紹介の際の専門分野としてTCを挙げることである。大学関係者が集まる学会や研究会では、自己紹介の際に、通常、自分の専門分野を述べるが、このときも、多くの研究者はTCを知らないので、その説明をする機会を得ることができる。

また、TC関係の内容を研究発表することもTCの広報活動の一つになる。

現在のところ、国内には TC 関係に特化した学会が存在しないため、どの学会で発表をしても一つの宣伝となる。筆者の場合は、言語文化学会で発表した森口(2002) などがある。

さらに、TC 関係の学会そのものを立ち上げる動きも始めている。2012年3月、第1回テクニカルコミュニケーション学術研究会を開催し、同年10月に第2回、2013年5月に第3回を開催した。将来的には学会に発展させることを計画中である。

以上は筆者が実践していることであるが、これを多くの TC 関係者にも広めていきたい。

また、「テクニカルコミュニケーション」という名前を世間に知らしめることに加えて、その意義や必要性についても訴えていかなければならない。TC が企業活動と結びついている場合が多いことを考えると、一つ考えられる方法は、TC による費用効果をアピールすることである。たとえば、ある調査によると、マニュアルが顧客満足度に与える影響を数値化した場合、5.8% となり、全28項目中の4位である。1位は導入価格、2位は維持費、3位が故障やトラブルの頻度となっていて、本体のデザインなどに比べ顧客満足度を上げる要因としては

銭湯のマニュアル

筆者の住む大阪市南東部の地域には今でも銭湯が多い。この辺りは、天然温泉が出やすいからだと聞いたこともあり、それも一因かもしれない。しかし、この地域で天然温泉を掘る先駆けとなったある大型銭湯は、残念ながら数年前に廃業した。駐車場も完備し、脱衣場を出たところでビールも飲めるその銭湯はかなり人気もあった。だから、廃業の原因は経営的な問題ではなかった。噂によると、その原因はマニュアルを作らなかったためらしい。ここは、天然温泉の管理も特注の機械でやっており、そのノウハウは経営者お一人が持っていたらしい。その経営者が病で倒れた。機械の運用管理方法をマニュアルとして残しておかなかったために、設備には何の問題もないにも関わらず、廃業せざるを得なかったらしい。この裏話は、いわば町の噂であり事実かどうかは知らない。しかし、その銭湯が廃業し、我々地域住民が残念な思いをしていることは確かである。マニュアルの大切さを訴える一つのきっかけとしたい。

大きい[11]。それならば、デザイナーに劣らず社会的認知を得ても良いはずであり、TC関係者はこの事実をもっと喧伝して良いのではないだろうか。

　また、前節で述べたような震災関連の情報なども含め、世の中に流れている文書にはもっと改善の余地があるものがあふれている。しかもそれは、単にわかりにくいだけではなく、場合によっては、現実的な被害をもたらすものなのである。テクニカルコミュニケーターが文書作成に関わることでそういった事故を防ぐことができることを、我々自身がもっとアピールしていく必要があるだろう。

本章の参考文献

　Houser, Rob. (2000) "What Does It Mean To Be a Technical Communicator?" *Intercom*. Vol.47, No.2.: 4.

　Ornstein, Allan C. & Daniel U. Levine. (1993) *Foundations of Education*. 5th ed. Houghton Mifflin.

　川井健 (1993)「「専門家の責任」と判例法の発展」川井健編『専門家の責任』日本評論社: 3-8.

　小林傳司 (2007)『トランス・サイエンスの時代: 科学技術と社会をつなぐ』NTT出版.

　敷田麻美 (2010)「地域づくりにおける専門家にかんする研究:「ゆるやかな専門性」と「有限責任の専門家」の提案」『国際広報メディア・観光学ジャーナル』No.11: 35-60.

　佐藤文隆 (1999)「総論―制度としての科学」佐藤文隆・米本昌平・藤永茂・樋口敬二・武部啓・辻篤子・村上陽一郎・平田光司・高岩義信・茂木清夫『岩波講座・科学／技術と人間2: 専門家集団の思考と行動』: 1-35.

　TC協会 (2000)『テクニカルコミュニケーション技術の応用分野に関する

11　テクニカルコミュニケーションシンポジウム2011、パネルディスカッション「テクニカルコミュニケーターの存在」吉田正志氏の資料より。

調査研究』ニューメディア開発協会.

森口稔 (2002)「日本テクニカルコミュニケーション史の可能性」『言語文化学会論集』第18号: 139-150.

7 TC の歴史と未来

D'où venons-nous? Que sommes-nous? Où allons-nous?
—— Paul Gauguin
（我々はどこから来たのか。我々は何者なのか。我々はどこへ行くのか。）

TC の今後の発展のためには、まず、過去を知る必要がある。そして、将来の可能性を探らなければならない。本章では、日本歴史における TC 的文献を紹介するとともに、現在の TC の姿から考えうる将来像を模索する。

7.1 日本テクニカルコミュニケーション小史

何のために歴史を知る必要があるのか。その答えは人によってさまざまかもしれないが、筆者自身は「未来を知るため」と考えている。「歴史は繰り返す」という言葉通り、現象として現れてくるものは違ってもその底にある流れは変わらない。事実、過去を振り返ることによって、未来の方向がある程度見えてくる場合がある。その期待が裏切られることも多いが、それでも過去を見て「変わらざるもの」と「変わり来た道」を知ることで未来の予想が立てやすくなることは確かだろう。

何度も触れてきたように TC という概念は、日本ではまだ広く認知されておらず、専攻できる大学もないし、TC 研究者も一握りしかいない。そのためか日本の TC の歴史は未開拓のテーマである。本節においても、日本 TC 史を概観するというよりは、日本史の中のある出来事を TC 的観点から見ることができるという例を示すにすぎない。今後、日本 TC 史という道筋をつけるための布石だと考えていただければ幸いである[1]。

---

1 本章で述べる TC 史は、TC 協会ニューズレターに筆者が連載した記事に若干手を加えたものである。

7.1.1 日本文化の特質とTC

　歴史を考える際に、まず、日本文化の特質と日本的TCの関連を考えてみたい。日本文化の特質を一言で表すことはできないが、TCに関連する点として、言語的コミュニケーションの不活発さを挙げることができるだろう。たとえば、日本の徒弟制度では、「技は盗め」「身体で覚えろ」と教えられる（北 2008：pp.49-53）。たしかに、職人の技術は、3章5節で触れた「暗黙知」の場合も多いだろうし、暗黙知でない場合も、学校教育を受ける機会のなかった職人たちには言語化する能力がなかったかもしれない。伝えるべき内容を言語化できない場合に取るべき手段は、実物である。先輩職人の作業工程や完成品を見て技術を盗む。それが様々な分野の徒弟制度における教育だったのではないだろうか。

　さらに、もしノウハウが言語化されておらず、技術を盗むべき相手の先輩もおらず、完成品もないような場合、頼りとなる手段はグラフィックである。日本において、言語コミュニケーションが不活発であることと表裏一体をなすのが、グラフィックによるコミュニケーションの豊かさではないだろうか。たとえば、Windows 95が出始めたころ、米国ではWindows for Dummies（馬鹿にもわかるWindows）を始めとして for Dummies シリーズが爆発的に売れた。日本語に訳してしまうと書名自体にも違和感があるが、それ以上に、内容を見て驚くのはグラフィックの少なさである。日本で同様の入門書を見れば、画面説明を中心にしたグラフィックが主であることとは対照的とも言える。しかもこのグラフィックの多用は現在だけのことではなく、後述するように日本文化の伝統の一つと言える。

　グラフィックがテキストと異なる点の一つは、それがコミュニケーションだけではなく、装飾にも使えることである。というよりも、グラフィックはまず装飾から始まったといっても良く、その最初の例が装飾的な文様である。装飾ではなく何かを伝えようとして描かれた世界最古の例はフランスのラスコーやスペインのアルタミラで発見された紀元前1万5千〜1万年頃の

絵画である(Janson&Janson 1987)。これらは単なる装飾ではなく呪術的な目的を持って描かれたとされている。

　日本でもグラフィックの歴史は縄文土器に描かれた文様にまで遡ることができるが、その目的は装飾である。銅鐸の時代になっても、その表面に描かれた絵画的文様は装飾ともコミュニケーション目的とも解釈できる。明確なストーリー性を持った本格的な絵画、つまり、テキストの代替物としてコミュニケーションの目的をもった最初の作品は、7世紀中ごろの『玉虫厨子(たまむしのず)』の側面に描かれた釈迦の前世の物語辺りに端を発するだろう。そこには、我が身を食べさせて餓えた虎の空腹を満たしてやる釈迦の姿などが描かれている。

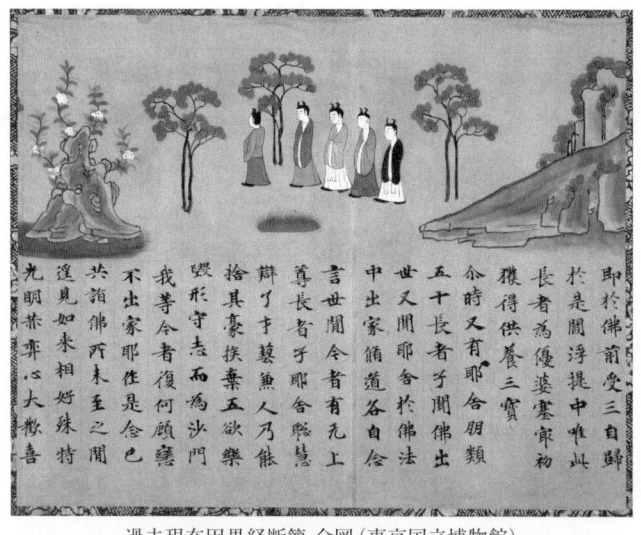

過去現在因果経断簡 全図(東京国立博物館)
©Image: TNM Image Archives

　さらに8世紀後半には、グラフィックとテキストを組み合わせた『過去現在因果経』(上図)がある。原本は中国のものと考えられるが、その後、日本歴史の中では、グラフィックとテキストの融合形式が連綿と続いていく。『源氏物語絵巻』などに代表される平安から鎌倉にかけての絵巻物、漢詩と山水図を組み合わせた室町時代の詩画軸、通俗的な読み物に挿絵をふんだんに使っ

た江戸時代の草双紙、そして、現代の漫画である[2]。

このように、テキストとグラフィックを組み合わせたコミュニケーションが、日本文化の特質の一つだとしても、それがグラフィックを多用したWindowsの入門書にたどり着くまでには長い歴史があったのである。

7.1.2 仏教とTC

2章で受信者分析（audience analysis）の重要性を説明したが、筆者の知る限り、受信者分析を実施した事績が残っている最古の例は聖徳太子である。聖徳太子というと、遣隋使派遣、十七条憲法、冠位十二階など、中学生ぐらいのときに習った事績を思い出すが、そういった外交や行政のみならず、寺院の建立を含めた仏教興隆への貢献においても太子は大きな役割を担った。

推古天皇14年（西暦606年）7月、仏教普及活動の一環として、太子は王侯貴族を前に、3日間、『勝鬘経（しょうまんぎょう）』という仏教の経典についての講義を行う。また、同じ年、『法華経』についての講義も行っている。さらに、この2つに『維摩経（ゆいまきょう）』を加え、これらの経典を理解するためのマニュアルとも言える『義疏（ぎそ）』を執筆している。つまり、大陸から入ってきた最先端のソフトウェアである仏教を、プレゼンテーションとマニュアルのセットで普及しようと努めたわけである。

その一端を見てみよう。たとえば、『維摩経』の本文には、その名前の由来である「維摩」という名前の人物がなかなか出てこない。商品についての説明がないマニュアルのようなものである。それに対し、聖徳太子の『維摩経義疏』では、維摩が聖人の名前であることから解説を始めている。「維摩経」と言われたときに「維摩って何だ？」という読者の疑問にまず答えようとした太子の意図は、受信者分析の一環と言える。

聖徳太子のプレゼンテーションの方法については不明だが、時代が下る

---

[2] 以上、日本美術史に関しては、太田・山根・河北（1986）および新潮社（1985）を参考にした。また、日本的コミュニケーションが視覚化を一つの特徴としている点については森口（1998）でも触れた。

と、布教活動としての説教が一つの技術と考えられ、その内容と方法論を示す文献が現れる。それが、796-828年頃に書かれた『東大寺諷誦文稿』(諷誦＝経文を声を上げて読むこと)である。この文書には、説教の内容が書かれているだけでなく、プレゼンテーション技術についても注釈を入れている。たとえば、聴衆の身分、性別、方言などを考慮し、それに合わせた用語を使うよう説教者に指示している。まさに受信者分析である。

7.1.3 医療とTC

我々が生身の人間であることを考えると、医療技術に関わるTCも古くから存在していたであろうことは想像に難くない。たとえば、次の手順を見てもらいたい。

> 傷の治しかた
> 1. 河口に行きます。
> 2. 真水で身体を洗います。
> 3. 蒲の花を取って、地面に敷きます。
> 4. 敷きつめた蒲の花の上で身体を転がします。

お分かりのように、因幡の白兎が鮫を騙したために毛皮を剥られてしまったとき、通りがかった大国主命が兎に教えた治療法である。因幡の白兎の話は、稗田阿礼の話を太安万侶が口述筆記し、712年に成立した日本最古の歴史書である『古事記』に掲載されている。因幡の白兎の話自体がフィクションであることは明らかだし、この治療法の是非についての議論もあるだろうが、多少とも医療技術らしき文献が、8世紀に遡ることが出来る一例と考えてよいだろう。

因幡の白兎の話は、医学と言うレベルには程遠く、民間医療の枠を出ていない。日本の科学技術の多くが海外からの輸入であったし、医学もその例外ではない。6世紀には既に中国から医学書が輸入され、753年に唐から来日

した鑑真和上は「仏教史上大功があったが、医薬にも明るく、両目の失明にもかかわらず、匂いをもって薬の鑑別をしたといわれる。」(杉本1967：p.66)

しかし、日本人自身の手による医学書は、平安時代まで待たなければならない。その中で現存する最古の例に、918年に深根輔仁撰の『本草和名』と、984年に丹波康頼が編纂した『医心方』がある。

『本草和名』は、1025種の漢方薬の材料を9種類に分類し、その漢名と和名を対応させた専門用語集である。5章で詳述したように専門用語はTCの重要な要素であることを考えると、『本草和名』も日本TC史の一例に含めて差し支えないだろう。

その『本草和名』の内容だが、漢方薬の材料名が見出し語として挙げられ、現代の辞典類と同様、本文はその見出し語よりも1字分低くインデントされている。この時代の文書としては当然だが、文字はすべて漢字であり、返り点やカタカナなどの訓点はなく、また、句読点も打っていない。見出し語に複数の中国語名がある場合は、「一名○○」というように、別名が書かれ、その名前が出ている中国の医学書が、小さな文字で書かれている。現在ならば、学術文献などで、出典を脚注として示すのと同じ感覚だろう。また、この注の部分に名前の由来が書かれている場合もある。見出し項目の最後の方に、日本語での名前が、漢字を当て字として使った万葉仮名で書かれている。ただし、その薬がどのような効能を持っているかについては言及していない。

一例として、「くらげ」の項の記述を挙げておく。

  海月狼似月在海中故以名之…一名水母…和名久良介
   (海月、海の中にあり、月に似ているためこの名がつく。…別名、水母 …日本名、くらげ。)

こういった主要部分に加えて、注意書きに当たる部分が本文の半分の大きさで書かれている点も情報の重要性をレイアウトで表現している例として面白い。

次に、『医心方』である。この書物は、『本草和名』と異なり、文字通り治療法

を書いた医学書で、丹波康頼が隋唐の医学書百数十篇から重要部分を選んで編集したものである。その内容は、総論、鍼灸、内科、外科、産婦人科、小児科、精神科、泌尿器科、肛門科、食餌療法など医学全般にわたり、分量的にも全30巻という膨大なものになっている。

たとえば、第20巻は、症状ごとに43章に分かれていて、各章の始めに、大まかな症状の紹介があり、その後、細かな症状ごとに用いるべき薬とその服用法が記載されている。レイアウトはところどころに段落のようなものが見られるが、『本草和名』に比べて工夫されている感じはしない。ただ、『本草和名』と異なり、訓点が加えられている点は、現代の我々だけでなく、当時の人々にとっても読みやすかったのではないかと思われる。残念ながら筆者が参考にできたのは薬の副作用に対する治療法を解説した第20巻だけだったが、他の巻でも恐らく同様の構成と推測する。

7.1.4 軍事技術とTC

悲しい現実ではあるが、技術の発達が軍事需要に基づいている例は、歴史上少なくない。1903年にライト兄弟が発明した飛行機は、1914年に始まった第一次世界大戦で早くも兵器として取り入れられ、格段の進歩を遂げた。また、核はわざわざ「平和利用のための」という形容をつけなければならないほどに軍事と密接な関係を持ってきたし、我々が日々恩恵を受けているインターネットも元々はDARPA（米国防総省のDefense Advance Research Program）が開発したものである。TCに近い例を挙げれば、1980年代末から90年代初頭に筆者が英日機械翻訳システムの仕事をしていた頃、大きな需要があったのが、軍事関係のマニュアルの翻訳であった。

人類の歴史が戦いの歴史であり、その戦いを支える軍事技術が存在したことを考えると、技術に寄り添うTCもまた戦いの歴史に一役買っていたことは否めない。本項では、戦国時代の最新軍事技術である鉄砲と歩兵集団に関わるTCの話を紹介する。

鉄砲の伝来は1543年であり、その約30年後の1570年には、織田信長に敵

対した石山本願寺の鉄砲衆は3000挺の鉄砲を保有していた。また、1575年の長篠の戦いでは織田信長・徳川家康の連合軍が3000挺の鉄砲を有効に利用して甲斐の武田軍を破ったと言われる。この長篠の戦い以降、鉄砲は戦国大名の間に飛躍的に普及する。

その爆発的な普及よりしばらく前の話である。1559年、近江に滞在していた上杉景虎(後の謙信)は腫れ物を患っていた。この景虎に将軍足利義輝が見舞いとして贈ったのが鉄砲と火薬製造マニュアルとも呼べる『鉄放薬方並調合次第』であった。その文書は次のようなものである[3]。

まず、形式は、縦の箇条書きである。現在のように「1」「2」「3」と数字は上がっていかないが、各行の先頭は「一」で始まり、レイアウトが整理されている。文字表記は現代文と同じく漢字と仮名を使った和文で、文体は候文である。グラフィックはないが、上述した聖徳太子の義疏と比較すると、形式面でかなり現在のTCに近づいている。実物の写真等が手元にないため、全体のレイアウト、字体、字の大きさなどは残念ながら不明である。

内容は時系列で書かれていて、最初は材料である。焔硝(硝酸カリウム)、炭、硫黄の3種類の材料とそれぞれの分量が1行ずつに書かれていて、その混合の仕方に二通りあるらしく、それぞれ3行ずつで6行となっている。ただ、戦国時代は地域によって度量衡がバラバラであり、足利義輝の使っていた度量衡と上杉景虎の使っていた度量衡が同じであったのかはわからない。

次に、材料の一つである炭の製法が、5段落に亘って書かれている。炭の材料とする木の選択から始まって、焼く前の処理、炭の焼き方などが詳しく書かれている。

その後、焔硝の煎じ方と硫黄の性質が書かれているが、この2つはそれぞれ段落が1つだけである。焔硝の段落は少し長めで、煎じるときの水の量や放置して乾燥させること、硫黄については色による選別の仕方が記載されている。

---

[3] 付録3に全文を掲載した。

材料が揃った時点で火薬の調合に入るわけだが、ここでも段落は1つである。ただし、その直後に「薬こしらへ候座敷へ、少も火を不可入候」で始まる段落が続き、火薬調合中の火気厳禁を示している。現代のマニュアルならば「危険 💣」という警告を入れたいところだろう。
　その次が最後の段落になる。ここでは、この工程が非常に手間ではあるが、慣れてくると、一度に大量の火薬を製造することができる旨が述べられている。つまり、上級ユーザー向けコメントである。
　そして、文書全体の最後に「大方此分、猶口伝籾井に申含候也」とある。これは、だいたいここに述べたとおりであるが、詳しくは「籾井」に聞くようにという意味である。「籾井」という人物が何者かは不明だが、現代のマニュアルで言えば、カスタマーサポートセンターの電話番号を載せるのと似通った心理かもしれない。
　この火薬製造マニュアルがどの程度活用されたか定かではない。これを贈られた上杉景虎自身、他の戦国大名に比べて鉄砲の利用に消極的だったようでもあり、その点は歴史の皮肉と言える。しかし、鉄砲は購入してしまえば各戦国大名が製造する必要はないが、消耗品である火薬は合戦で鉄砲を使う限り製造し続けなければならない。戦国期を通して鉄砲は普及し続けたわけであり、火薬製造に関する知識は必要不可欠なものであったに違いない。
　作り方がわかれば、次は使い方である。鉄砲が普及するに連れ、各地に鉄砲上手とされる人々が出る。彼らの持つ鉄砲の運用技術は「砲術」と呼ばれ、16世紀末にはいくつかの流派が立ち、それぞれの秘伝書が作成されるようになった。まだ詳しく調査していないが、この砲術秘伝書もまたマニュアルの一つと考えてよいだろう。写真を見る限り、形式面でも、箇条書きに加えて、グラフィックが使用されているようである。ここに来て、ようやくテキストとグラフィックの融合スタイルがTC文書に反映されたことになる。
　また、鉄砲に限らず歩兵集団である足軽の教育を意図した文献も存在する。17世紀末、松平信興という人物によって書かれたとされる『雑兵物語』である。足軽以下の兵士たちの功名談・失敗談・見聞談などの形式を借り

て、戦時および平時の心得を説いている。

　たとえば、旗指物の持ち方などについて「はしるべいと思ふ時は、柄立革へつつぱめて持べい」というように、現代人にも理解できそうな口語体で書かれ、挿絵も盛り込まれている。ただ、『雑兵物語』が出た時点で戦国時代は既に過去のものとなっていたため、この書物が雑兵教育にどの程度効力を発揮したかは定かではない。

7.1.5　日本 TC 史研究の課題

　以上、仏教、医療、軍事といった専門知識に伴う TC の歴史を探ってきた。ただ、冒頭にも述べたように、これは日本 TC 史のほんの一かけらに過ぎない。日本における TC の学術的基盤ができあがっていない現在、日本 TC 史の本格的な研究が存在しない点はいたし方がないが、その現状を乗り越えるためには次のような課題をクリアしていかなければならない。

- (a) 文献史料の発掘
- (b) 他分野との協働
- (c) 研究の広報活動
- (d) TC 研究者の増員

　歴史の研究方法には大ざっぱに言って、文献学的方法と考古学的方法の 2 種類がある。文献学的方法とは、文献の内容に基づくアプローチであり、考古学的方法とは、現存する実物に基づくアプローチである。たとえば、ある歴史的建造物について、○○年に建てられたと文献に書かれており、炭素年代法等で測定した結果、○○年頃の木材であるとわかれば、その建造物は、実際に○○年に建てられた可能性が高い。つまり、文献学的方法と考古学的方法の調査結果が一致したわけである。ところが、必ずしも、歴史的文献に書かれている遺物が現存しているとは限らないし、現存していても考古学的アプローチと年代が一致するとも限らない。

TC 史の研究では、文献的アプローチと考古学的アプローチの対象が同一のものになる。つまり、ある歴史的文献史料がある場合、その文献の内容を調査するだけではなく、文献史料自体に対して考古学的アプローチを行う。文献に書かれたテキストの内容に加えて、そのレイアウト、添えられたグラフィック、墨や紙など文献の材質なども TC 史の研究対象になるわけである。さらに、文献が言及している実物が現存している場合、マニュアルと製品の整合性を論じるかのように、文献と実物の整合性を論じることもできるだろう。

　TC 史研究がまず取り掛かるべき問題は、この文献史料の発掘である。「技を盗む」、徒弟制度、以心伝心、阿吽の呼吸といった、日本的コミュニケーションの特質のために、元々 TC 的な文献が作成されなかった可能性は高い。一つの期待としては、幕末から明治維新にかけて大量の専門知識が西洋から流れ込んできた時期だが、それ以外の時代の文献も無視できない。幕末から明治のみに大きな山があり、それ以前の歴史に見るべきものがなければ通史としては成り立たないのである。その意味では、とりあえず、できる限り古い時代から文献を発掘していくべきだろう。たとえば、6 世紀に初めて中国から伝えられたとされる医学書、古代の度重なる遷都に際しての企画提案書、大仏および大仏殿建立に関する建築関連書類など、TC 的文書が存在した可能性が考えられる。また、童門 (2000) は戦国大名が領民に対して出す法令の文章が難しく読めなかったために、それを書き直した事例を紹介しているが (p.261)、これも TC の一つと考えてよいだろう。さまざまな分野において、文書が元々存在しないのか、存在したが現存しないのか、現存しているが TC 的文献と認識されていないだけなのか、技術史を中心に複数分野の歴史をたどって調査するしか方法はない。

　とは言え、様々な分野の長い歴史を調査して TC 的文献を掘り起こすことは、一人の人間にはできない。各分野の各時代の専門家に加えて、それぞれの時代の日本語に造詣のある研究者の力も必要となる。TC 史研究は、そういった周辺分野の研究者との協働で進めざるを得ない。特に、筆者のこれま

での個人的経験から判断すると、TC 関係者には英語ができる人は多いが、漢文や古文を得意とする人は多くないようにも思えるので、日本語史家の協力は必須だろう。さらに、TC の歴史を海外と比較するところまで進めるとすれば、海外の TC 史に詳しい研究者も必要となる。

　他分野からの協力を得るために必要となるのは、やはり、TC の社会的認知である。TC の社会的必要性を説き、その歴史研究の面白さを知らしめていかなければ、他分野との協働はまず不可能である。現在の日本では、TC 関連全体を見ても、自称・他称を合わせて、TC 研究者と呼べる人は一握りであり、その歴史研究となると、ほとんど皆無と言ってよい。そして、これらを乗り越える糸口は、これまでも繰り返してきたように、TC の社会的認知度を向上させることが第一歩なのである。

7.1.6　科学と技術

　蛇足になるかもしれないが、日本歴史における TC 文献史料の掘り起こしの難しさについて、もう一つ付け加えておきたい。歴史の中の科学と技術についてである。

　筆者は、米国に留学していたときティーチングアシスタントとして工学系の学生に日本文化を教えたことがあり、授業の中で、少し意地悪な質問をしてみた。「科学と技術はどちらが先か？」学生の反応は「なぜそんなわかりきったことを聞くのか。科学に決まっているじゃないか。」というものだった。そこですかさずこう言った。「君たちがそう答えると予想していた。しかし、これから紹介する日本の伝統的技術を考えて欲しい。ニュートン力学を知らない奈良時代の技術者たちは世界に誇る木造建築を残した。現代医学の基礎を持たない漢方医や鍼医たちは様々な病人を治療していた。少なくとも日本の科学技術史を見た場合、科学が技術に先立つとは言えない。」しかもそれは、日本だけではなく、西洋においても同様であったことを小林 (2007) は次のように指摘している。

科学技術という言葉自体が20世紀の表現なのである。19世紀までの間、科学と技術とは現在われわれが考えるほど密接に結びついてはいなかった。(p.261)

科学と技術の違いを端的に言えば、理論と結果と言って良いだろう。科学の理論は言葉で語られ、技術の結果はモノで見せられる。言葉による説明がなくとも、モノを見せることによって技術は伝えられる。伝統的職人は、言葉で語らず、モノで語る。つまり、モノさえあれば、言葉は必要ではなく、言葉を綴ったTC文献は、あまり残されてこなかった可能性が高い。

では日本に科学はなかったのかと問うならば、答えは「否」である。江戸時代には、純粋科学の極と言ってもよい和算の伝統があった。ただ、和算はニュートンとは独自に微積分の概念を発見していながら、秘伝として伝えられたためにTCの入り込む余地があまりなく、技術とも結びつかなかった[4]。その日本において科学と技術が大きく歩み寄ったのは恐らく幕末の開国がきっかけだろう。欧米の文物が大量に輸入されたこの時代には、翻訳も含めたTC関係の文書が数多く残されたはずである。残念ながら、筆者の日本TC史研究はまだこの時代に至っていないが、古代・中世・近世のTCの歴史を整理した後に、じっくりと調査してみたいと考えている。

7.1.7 テクニカルコミュニケーターの歴史

以前、テクニカルコミュニケーター協会のホームページには、「テクニカルコミュニケーターは、情報を整理してわかりやすく伝える専門家です。」と、書かれていた。では、テクニカルコミュニケーター以外の人たちはTCを実践してこなかったのかというと、ここまで見てきた歴史が示すように、そんなことはない。テクニカルコミュニケーターという職業が生まれるずっと前からTCは存在したのである。

4　森口(2002)では、和算の教科書をTCの一例として紹介した。

テクニカルコミュニケーターという職業の歴史はまだ浅くても、その技術がはるかな昔から必要とされてきたことを考えると、日本のTCの歴史は長い。TCはともすれば技術の影に隠れがちな存在だが、その歴史が聖徳太子にまで遡ることを思えば社会的にもっと重要性を認知されてしかるべきだろう。

7.2 TCの未来

7.2.1 テクニカルコミュニケーターの3つの可能性

前節ではTCの歴史の断片を拾ってきたが、では、TCの未来はどうなるのか[5]。

太古の昔、職業という概念はなかった。歴史時代に入っても、たとえば、武士と呼ばれる軍事の専門集団が頭角を現すのはせいぜい平安以降である。兵農が分離し、更にその中で職能や階級が分離していく。エントロピーが増大するかのように、分離・分化の流れは続き、現代において、専門分化が甚だしいことは万人の知るところである。

ここに紹介したTCの歴史も同じである。経典を講じた聖徳太子、『本草和名』の撰者・深根輔仁、『医心方』の編者・丹波康頼、火薬調合の問い合わせ先だった籾井某、砲術秘伝書を書いた鉄砲上手たち。彼らは皆それぞれが説明すべき知識の専門家であって、テクニカルコミュニケーターではない。そこまで遡らなくとも、つい最近まで技術者自身が取扱説明書を書いていたのである。やがてテクニカルライターという職業が生まれ、専門知識や情報からTCが分離した。現在は、TCと他分野の融合からウェブデザイナーやユーザビリティ専門家が生まれてきている。つまり、TCの分化と他分野との融合が始まっている。

分化はさらに続き、恐らくは3つの方向に分かれると、筆者は見ている。まず、ツールの専門家である。聖徳太子の紙と筆に比べ、ツールは格段に進

---

[5] 本章で述べるTCの未来は、STC東京支部発行の『Tokyo Crosspoint』に連載した記事を元に発展させたものである。

歩した。TCの技術をベースにしながらもツールを使いこなすこと自体が専門技術となってくる。ウェブデザイナーはその走りと言える。次に、コンテンツの専門家への融合。コンテンツがどんどんと複雑深化していく現在、それを伝えるテクニカルコミュニケーターもコンテンツを学び続けながら、そのコンテンツと社会との橋渡しをしなければならない。それはやがて、コンテンツのスポークスマンまたは批評家となる可能性を備えている。3つ目は、TCのコアである「わかりやすく伝える技術」を伝える教師。学校現場だけでなく、社会全体を対象とした教育ビジネスと考えたい。事実、筆者自身もそうであるが、大学で教えたり、社会人向けセミナーの講師を務めるTC関係者は多い。以下、その3つの未来を考えてみる。

7.2.2 ツールの専門家

　米国Society for Technical Communication (STC) の機関誌Intercomや年次大会、国内のTC協会のTCシンポジウムなどでは、上述のコア要素だけではなく、TCの周辺要素、特にツールについての記事や発表も多い。ツールの話ができなければテクニカルコミュニケーターではないかのごとき感がある。

　たしかにTCに関わる者にとってツールは欠かせない。恐らく未だに紙と鉛筆だけでテクニカルライティングをしている人は皆無だし、グラフィックにしても然りだろう。オンラインヘルプのファイルを作成するツールであるWinHelpは既に過去のものであるし、HTMLやXMLファイルが作れるライターや各種の編集ソフトを使いこなせるライターにも、今や希少価値があるとは言えない。新しいツールが出て業界でトレンドになるたびに、テクニカルコミュニケーターたちは多かれ少なかれ、否応なく何らかの対応を迫られざるを得ない状況である。

　しかし、ツールは進歩すればするほど、便利になる反面、機能が複雑になり、慣れない人間には使いにくくなる。複雑になっていくツールを使いこなすために、テクニカルコミュニケーターはコンテンツや表現技術だけではな

く、ツール自体の研究に時間を割かなければならない。しかも、そのツールの進化は止まるところを知らない。また、一方で、表現すべきコンテンツもどんどんと進歩し、複雑化する。進化し複雑化し続けるツールとコンテンツ、この2つを追いかけながら、TC のコア技術も維持していくということは、一人の人間にとって、不可能ではないにしても非常に難しいだろう。

　そこで、ツールスペシャリストとコア技術スペシャリストの分化が始まる。Perlin (2001) は、21世紀が始まる時点で既にそのことを予測し「We're likely to see a reemergence of separate tracks for writers and techies in documentation groups.（ドキュメンテーションの分野でライターと技術屋の道が再び分かれ始めているようだ）」と指摘している。筆者の偏見かもしれないが、これまでの経験上、表現にこだわる人はどことなく新しいツールについては一歩引いているようであり、逆に、最新のツールを駆使しようとしている人の文章は若干不安を感じた記憶がある。もちろん、ツールについても詳しく、ライティングも素晴らしいテクニカルコミュニケーターも存在するが、多数派とは言えないのではないか。

　ツールスペシャリストの意識と知識と仕事内容は恐らくどんどんと技術者のほうに近づいていき、ツールの開発にも着手することになるだろう。ただ、彼らが技術者ではなく、あくまでテクニカルコミュニケーターであるならば、ユーザーの視点を生かしたツールが期待できるはずである。

　ツールについてもう一つ触れておきたいのは言語処理技術である。たとえば、TC シンポジウムに行くと、文書管理、文書校正、翻訳メモリなどのシステムのブースが多数出展されている。筆者自身、興味本位でいくつかのブースを回り、システムについての解説を受けることはあるが、自分の仕事に使えると思ったことは、非常に少ない。これは、雑誌記者時代、メーカー勤務時代、大学教員時代、フリーランス時代のいずれの場合でもである。その理由は2つある。一つには、ニーズとシステムの齟齬であり、もう一つは、言語処理技術に対する、筆者個人の不信感である。

　文書を書く際には、「何を書くか」と「どう書くか」の2つのポイントがあ

る。内容と表現と言ってよいだろう。筆者が実際の業務で困難さを感じたのは、どの時代においても、前者であった。つまり「何を書くか」に頭を悩ましてきたのであって、書くべき内容がまとまってくれば表現に苦しむことは、皆無ではないにしても、多くはない。雑誌記事であれば、どんな話が読者にとって面白いか、論文ならば、どんなデータが説得力を持つか、マニュアルならば、どんな製品なのか。それらの内容を固めるために、試行錯誤を繰り返したり、技術者から情報を引き出すのに苦労したりはしても、内容が固まってくるころには、表現もおのずと決まってしまうのが常である。また、その内容を固めるために情報を求める先は、書籍や雑誌などの印刷物であったり、技術者や企画担当者などの人間であることが多く、電子化された文書であることは必ずしも多くない。ところが、TCシンポで展示されるシステムは、表面的なテキストの修正であったり、電子化された文書の管理であったりするため、これまでの筆者のニーズには合致することがなかったのである。

　表現について苦しむことが少ないとは言え、日本語母語話者である限り、英文ライティングの際にはシステムが校正してくれれば助かると思うことは大いにある。自慢するわけではないが、筆者は、米国の大学院でテクニカルコミュニケーションの修士号を取り、ライターとして英文マニュアルを書き、和英辞典の執筆にも携わったことがあるのだから、日本人としては英語を書ける方だと自負している。それでもなお、最終的には、冠詞や前置詞については自信が持てない。事実、ネイティブチェックから帰ってきた英文修正の多くはそういった部分である。ネイティブチェックの代わりをしてくれるシステムがあれば少々費用が高くても導入したいとさえ思う。

　しかし、現在まで、実際に導入したいと思えるようなシステムを見かけたことはない。理由は技術に対する不信感である。言語表現の階層については第3章で詳述したが、技術で処理しやすい階層と処理しにくい階層がある。最も処理しやすいのは文字の階層である。正しい表記かどうかをチェックするのは、簡単な辞書を組み込んであればすぐに実装可能である。また、表記に揺れがある場合でも、ユーザーが決めてしまえば、簡単に処理できる。日

本語でも英語でも処理の方法としては大きな違いはない。文法についても、英語の場合はそんなに処理は困難ではない。英語の基本的な語順は決まっているし、主語と動詞の数の一致も基本である。最近のシステムでは倒置構文も処理できる場合がある。

　システムにとって難しいのは意味の階層と文脈の階層である。たとえば、次の例はどうだろうか。

　　　I bought a car with four doors.　（私は4ドアの車を買った）
　　　I bought a car with four dollars.　（私は4ドルで車を買った）

2つの文の違いは最後のdoorとdollarの違いだけである。人間であれば前者は問題ないにも関わらず、後者が不自然であることはすぐにわかる。これは、文法ではなく意味の問題である。我々人間が言語表現の意味を理解できるのは、その背後に膨大な知識を持っているためである。もちろん例に挙げたような単純な違いであれば、実際には現在の言語処理システムも違いを認識できるだろうが、業務で出会うような文、つまり人間であっても少し考えなければ意味がわからないような文をパソコンで動く程度の商用システムが処理できるのかどうか、大いに疑問を持つ。

　もう一つ例を出そう。次の文は正しいだろうか。

　　　She ate the apple.　（彼女はそのリンゴを食べた）

文法的にも意味的にも問題はない。しかし、この文が正しいかどうかは、実際の文脈の中に入れてみないと判断することはできない。既にappleが出ていたのならば正しいだろうし、ここで初めて出てきたならばtheではなくanを使うべきであることは、中学生でも知っている。しかし、一つの文だけではなく、複数の文の集合である文脈を現在のシステムは果たして解析できるのだろうか。さらに次のような文の場合、システムはKogyokuがリンゴの一

種であることがわかるだろうか。

　　　I bought a Kogyoku, and she ate the apple. （私が紅玉を買って、彼女が食べた）

　もちろん Kogyoku がリンゴであるという情報を辞書データに入れれば、文脈だけの問題になるが、すべての固有名詞を辞書のデータとしてシステムに持たせることは現実的には不可能だろう。
　かくして、筆者は言語処理技術を駆使したシステムを使う機会を未だに持っていない。ただ、ここで主張したいのは、言語処理システムが TC の実務に使えないということではない。言語処理システムが自分の業務のニーズに合致するかどうかを知るためには、TC 実務者もここに挙げた程度の言語処理の知識は持っておいたほうが良いと考えてのことである。

7.2.3　コンテンツ専門家への融合

　ツールだけではなく、コンテンツもどんどんと進化し続けている。その複雑になっていくコンテンツに、TC はどのように対処していくことになるか。それを考えるためにここでもう一度「専門家」の話に戻りたい。
　現代はさまざまな専門分野が非常に細分化し、すぐ隣の分野でやっていることがわからないと言われる。6 章で引用した佐藤他（1999）も「「専門的で解らない」という言辞には「だから関係ない」と「だから託する」の 2 つの意味がある」と、専門領域のブラックボックス化を認めている。しかし、科学技術の社会への影響が高まり、アカウンタビリティーが重要となってきた現在、専門領域は素人の口出しできないブラックボックスでは済まされない。同じく 6 章で引用した川井（1993）も「情報提供者の責任」として「職業的専門家がその職業に関する情報を提供し、それを信頼した者が被害を被ったときには不法行為が成立する可能性がある」と説いている。つまり、これからの専門家は、より細分化・複雑化していく専門領域と、その内容を一般社会に正し

くかつわかりやすく伝える義務の板ばさみになる可能性が出てくる。

　2011年3月の東日本大震災による原発事故は、このブラックボックス開放への推進力となるだろう。それまでは原発というブラックボックスに対し、非専門家が「本当に安全か？」と問いかけても、専門家は「安全だ」と答えるだけで済ませてきた。そして専門家からそう言われれば非専門家は引き下がらざるをえなかった。ところが、そのブラックボックスが安全でないことがわかった今、これからも原発の運転を継続するためには、ブラックボックスを開放しなければ一般社会は納得できなくなっている。

　ここで専門家たちも2分化せざるを得なくなる。一方の専門家集団は、その領域のもっとも中心となるコンテンツを研究し、開発し、製作する。もう一方の専門家たちは、コンテンツの全体像や重要な部分についての情報を加工し、専門外の人間に伝える。従来の営業職や教師、新聞記者、翻訳者もこれに該当するし、この2分化は既に始まっている。商品や背景に関する知識の乏しい営業マンはリストラされるだろうし、産業翻訳者も自分の専門分野を持っていることは当たり前になっている。大学でさえ、冬の時代を乗り切る方策の一つとして、研究重視の大学と教育重視の大学の2分化が進んでいる。

　この後者の集団が、従来の専門家と同レベルの知識を持った、新たなテクニカルコミュニケーターたちである。事実、米国STCの機関誌Intercomでは、博物館の説明員や南極越冬隊員など、さまざまなテクニカルコミュニケーターたちが紹介され、既にこの方向への歩みを始めていることが知れる。

　もう一つ、彼らの重要な役割が、科学技術の監視である。マニュアルの例から始めよう。製品の一つの機能の説明を書こうとすれば、どんなユーザーがどういう状況のときに、その機能を使おうとしているかを分析しなければならない。2章で詳述した受信者分析／ユーザー分析である。ところが、その分析をしようとして困ることがある。「どんなユーザーが？」「なんのために？」その機能を使うのか、それを想像しようとしてもできない場合である。開発側は、無理やりにでも使用場面を作ってくるのだが、現実性に乏しく心に響いてこない。さらに、場合によっては、そういった機能があることが無

意味なだけではなく、ユーザーの円滑な使用を阻害することにもなりかねない。「コンピュータ自体の演算速度は速くなっているのに、プログラムの実行処理速度は遅くなっている」のは不要な機能が入っていることが原因とも言えるし、そうなると、「新機能は、たんなる役立たずのオマケ」(ストール1997:p.126)であるどころか、邪魔者になってくる。そんな場合、機能自体の存在意義に疑問を持たざるを得ないし、場合によってはその機能の実装を中止する提案をしたくなる。それができるのがテクニカルコミュニケーターなのである。

受信者分析は、その文書を読む時点での読者の既存知識や状況を分析する、いわば一時的な読者像の分析であるが、時間の幅を広げていくと、一つの機能ではなく製品全体となる。突きつめていけば、その製品は、ユーザーにとって、さらに、社会全体にとって、どんな存在意義を持っているのかという問題に行き着くことになる。

たとえば、中島・橋本(2002)は「いつでも押せば自分のしたいことを実行してくれる自分専用のリモコンボタン」である「マイボタン」という装置を提唱している(p.575)が、そんな機械は本当に必要だろうか。「マイボタンは街中に設置された通信インフラと10m以内程度の近接通信を行うことによってユーザの物理的文脈に関する情報を利用し、状況を認識し、ユーザを支援する。…たとえば、駅に行けばユーザの予定表に合わせて切符の購入、座席予約、改札通過などをマイボタンがこなしてくれる。…スーパーマーケットでは商品の産地やレシピ情報をダウンロードできるし、レジでは自動精算が可能となる。」というように、身の回りのことをすべてやってくれる召使のような存在である。しかし、これを使いこなすためには、まず、様々な個人情報を入力し、通信のための設定をし、機械が勝手な「状況認識」をしないように歯止めをかけなければならない。ワープロや表計算ソフト程度でさえ、機械が勝手な処理をしてユーザーを困らせるのが現状なのであるから、「インテリジェント」な製品がどれだけユーザーに苦痛を与えるか想像に難くない。また、マイボタンの具体的なUIは述べられていないが、掲載されている図

とマイボタンという名称から判断して大きなものではなく、操作キーの数も少なそうである。単純なインターフェイスで多機能を実現させようとした場合、操作が煩雑になるという点は誰しも予想できる。開発者でもなく、純粋なユーザーの立場でもないからこそ、テクニカルコミュニケーターには製品の存在意義が見えてくるのである。

　製品のマニュアルだけではなく、他の先端科学技術に対しても、テクニカルコミュニケーターは同様の立場を取ることができる。つまり、自分が伝えようとするコンテンツが社会においてどのような存在意義を持っているのかという点である。

　たとえば、小林（2007）は、豚にホウレンソウの遺伝子を入れて「ヘルシーピッグ」を作る研究（http://ccpc01.cc.kindai.ac.jp/press/430/learning/pig.htm）とそれに対する一般人の反応を紹介している。「ホウレンソウの遺伝子を組み込むことによって、豚肉の飽和脂肪酸が減り、不飽和脂肪酸のリノール酸が多量に含まれるようになった。これなら、成人病などで豚肉を食べることを控える必要のある人にも安心して食べてもらえる。これからは、こういった技術の開発が必要なのだ」というのが、ヘルシーピッグの研究者の主張である (p.2)。それに対し、「豚肉の食べる量を減らして、ホウレンソウをたくさん食べればそれで済む話ではないの」かといった一般人の反応がある (p.3)。小林は、また、河川の土木工事の例を引いて「技術者が主観的には「技術者の良心、技術的合理性」とみなしているものが住民には「技術の独善性」と映る可能性」を紹介している。これらの例は、まさに、不必要なパソコンソフトの機能を開発する技術者と、それに戸惑うユーザーに類似している。小林は、科学的知識を伝える「トランス・サイエンス」という立場を取っており、TC に極めて近い。小林が言うように、現在「日本の大学制度の中で「科学技術」そのものを俎上に載せて総合的に研究する学部や研究科は皆無」であるならば、TC やトランス・サイエンスの立場から、科学技術を監視し続ける必要があるだろう。

　あまり社会の役に立ちそうにない重箱の隅をつつくような専門知識や、原

子力発電所のように一歩間違えば大規模な災害に結びつくような情報について、その研究者たちには、社会における自分自身の役割が見えていないことが多い。また、原発の場合は、危険であることを知っている会社側が事実を隠蔽しようとすらしていた。かといって、その専門分野から離れたところにいる一般の人々は内容がわかっていないだけに、正確な判断や評価がしにくい。そうなると、専門分野のコンテンツを十分に知り、それを社会的文脈に照らして評価できるのは、専門分野のすぐそばにいて、それを一般に伝えながら、監視することのできるテクニカルコミュニケーターの役割となってくる。

7.2.4 伝える技術の教育

進歩し続けるツールやコンテンツを除いた、表現力を中心とするコア技術に留まるテクニカルコミュニケーターたちの未来はどうだろうか。このTCのコア技術も、認知科学の関連分野やコミュニケーション学と連携しながら、それ自体また進化していく。そして、そこで培われた「わかりやすく伝える技術」のノウハウは、教育という形でさまざまな分野の人々に伝えることができる。

「最近の子供は文章が書けない」と言われて久しいが[6]、国語の学習指導要領は1999年に改定された際に「伝え合う力」として取り込んでいるし、大学でも1990年代の半ばから、以前は見られなかった「文章表現」の授業を開講し、学生の文章能力の向上に努めている。そして、この授業の中で磨くのは、決して文学的表現ではなく、TC的な文書作成能力が中心となっている（筒井2005）。さらに、「テクニカルライティング」と明示した授業も開講されてきているし（小谷・高橋2009）、TC協会が筑波大学と協働で「TC専門教育カリキュラム」を検討（TC協会ホームページおよび三波他2010）。また、北海道大

6　筆者は、個人的には、この意見に反対である。自分自身が若かったときのことを思い出すと、「最近」に限らず、学生は社会人に比べて文章が書けないものなのである。ところが、多くの人は自分の過去を棚に上げ、文章力が上がった今の自分から若年層を見ているのではないだろうか。

> **マニュアルは悪者か？**
>
> 世間では、「マニュアル」という言葉が、イマイチ、良い意味で使われないことがある。「わかりにくい」と揶揄される取扱説明書だけのことではない。「マニュアル人間」とか「マニュアル通り」というと、自分の頭で考えず、融通が利かない仕事ぶりを非難して言う。しかし、本当にマニュアルはダメなものなのだろうか。仕事にしろ、日常生活にしろ、マニュアル通りにやっていれば、問題がなかったものが、マニュアルから逸脱したことによって問題が発生する例はいくらでもある。逆に言えば、「マニュアル人間」にすらなれない人間が、想像以上に多数派なのではないか。私自身、教師をしていたときに、学生には指示通りに行動することを求めた。授業中にすべきこと、してはいけないこと、自宅でやってくるべきこと、締切、等々。口で言うだけでは、こちらも心もとないし、学生も不安を感じるので、そういったタスクや禁止事項を、いわば、「マニュアル化」し印刷して渡していた。自分で言うのもおこがましいが、親切な教師だと思う。ところが、出来の悪い学生、はっきり言おう、「出来の悪い学生」は、そのマニュアル通りに行動しない。出来の良い学生がマニュアルを守らずに自分の頭で考えるのではない。繰り返すが、マニュアル通りに行動しないのは、出来の悪い学生なのである。授業中にすべきことをせず、してはいけないことをやり、自宅でやってくるべきことをやらず、締め切りを守らない。つまり、マニュアル人間ですらない。そして、彼らを見て思った。まず必要なのは、「マニュアル通り」にできることではないのか。別の言い方をすれば、とりあえず「マニュアル人間」を作ることが教育の最低限の目的ではないのか。「自分の頭で考えて行動する」のは、それができた後のことなのである。

学では、TCの隣接分野である「トランス・サイエンス」に近い方向で、「科学技術コミュニケーター養成ユニット」というコースが提供されている。テクニカルコミュニケーター自身が教壇に立つ例はまだ多くはないかもしれないが、「わかりやすく伝える技術」を教えるという機運は熟しつつあると考えてよいだろう。

　TCの能力は学生だけではなく教員にも必要とされる。1章で「TCとは、受信者の知らない情報や知識を、グラフィック・テキスト・音声などを通し、伝える意図を持って、わかりやすく伝える技術を指す」と定義したが、これを話し言葉で行えば、そのまま学校の授業現場に応用できる。森口(2004)は子供の学力低下の一因として教員の授業技術の問題を指摘しているが、だ

とすれば、教員がTCの技術を身につけ授業をわかりやすくすることが日本の教育を改善する原動力となる。また、TCが教育現場と密接に結びつくことで、その存在をアピールしていけば、TCの社会的認知度も向上していくだろう。そうなれば、本書で取り上げた多くの問題点は解決に向かうと信じるものである。

本章の参考文献

Janson, H.W. & Anthony F. Janson.(1987) *A Basic History of Art*. 3rd. Abrams.

Perlin, Neil.(2001) "Technical Communication：The Next Wave" *Intercom*. Vol.48, No.1.：4-8.

太田博太郎・山根有三・河北倫明監修(1986)『原色図典・日本美術史年表』集英社.

川井健編(1993)『専門家の責任』日本評論社.

北康利(2008)『匠の国　日本』PHP研究所.

小谷洋一・高橋慈子 (2009)「TC技術とコミュニケーションスキル」『Frontier』第2号: 2-13.

小林傳司(2007)『トランス・サイエンスの時代：科学技術と社会をつなぐ』NTT出版.

佐藤文隆・米本昌平・藤永茂・樋口敬二・武部啓・辻篤子・村上陽一郎・平田光司・高岩義信・茂木清夫(1999)『岩波講座・科学／技術と人間2：専門家集団の思考と行動』.

三波千穂美・島本孝子・平湯あつし「TC専門教育カリキュラム・ガイドライン(中間報告)」『テクニカルコミュニケーションシンポジウム2010論文集』: 37-44.

杉本勲編(1967)『科学史』山川出版社.

新潮社(1985)『新潮世界美術辞典』.

クリフォード・ストール(1997)『インターネットはからっぽの洞窟』倉骨

彰訳、草思社（Clifford Stoll. *Silicon Snake Oil: Second Thoughts on the Information Highway*. Anchor Books, 1995.）

筒井洋一（2005）『言語表現ことはじめ』ひつじ書房．

童門冬二（2000）『戦国武将の宣伝術—隠された名将のコミュニケーション戦略』宣伝会議．

「特集・伝え合う力」（2000）『日本語学』第19巻第3号．

中島秀之・橋本政朋（2002）「日常生活のための知的都市情報基盤」『情報処理』第43巻第5号（通巻447号）: 573-578．

森口朗（2004）『授業の復権』新潮社．

森口稔（1998）「コミュニケーションにおける視覚化とその文化的相違」『STC東京支部10周年記念誌』STC東京支部: 50-53．

森口稔（2002）「日本テクニカルコミュニケーション史の可能性」『言語文化学会論集』第18号: 139-150．

「鉄放薬方並調合次第」『大日本古文書　上杉家文書之一』: 440-444．

森口稔（2000-2001）「TCの新たな地平に向けて」『Tokyo Crosspoint』No.56-62．

森口稔（2005-2006）「てぃー・しー　今昔（一）〜（五）」『TC協会ニュース』第67-71号．

付録

付録1　名詞の割合に関する実験

『新明解国語辞典第五版』を無作為に5回開いてみたとき、次のような結果が出た。

【1回目】
すごもんく〜すすむ（p.732-734）73語
　名詞：59語（80.8％）
　形容詞＋形容動詞：4語（健やか、凄まじい、涼しい、すすどい）
　動詞：9語（荒ぶ、荒む、退る、筋張る、すすぐ、煤ける、煤ばむ、煤ぼける、進む）
　その他：1語（ずしり）

【2回目】
からつ〜かりかり（p.278-279）86語
　名詞：66語（76.7％）
　動詞：12語（乾びる、絡まる、絡む、搦め捕る、絡める、刈り上げる、借り上げる、駆り集める、刈り入れる、借り入れる、借り受ける、借り換える）
　副詞：4語（からりと、がらりと、がらんと、かりかり）
　その他：4語（からとて、からに、からには、かり）

【3回目】
ぶあい〜ブイネック（p.1208-1209）84語
　名詞：82語（97.6％）

副詞：2語（ふいと、ぷいと）

【4回目】
なまテープ〜なやましい（p.1048-1049）84語
　名詞：65語（77.3%）
　副詞：2語（なまなま、なみなみ）
　形容詞：4語（生生しい、生温い、なまめかしい、悩ましい）
　動詞：10語（なまる、並み居る、波打つ、なみする、波立つ、並外れる、鞣す、
　　　なめずる、舐め尽くす、嘗める）
　その他：3語（南無、南無三、南無三宝）

【5回目】
いま〜いや（p.92-92）69語
　名詞：52語（75.3%）
　形容詞：3語（忌忌しい、今めかしい、忌まわしい）
　副詞：8語（今更、今し方、今しも、未だ、今に、今もって、今や、いみじくも）
　動詞：4語（戒める、在す、忌み嫌う、忌む）
　その他：2語（いや、いや）

平均：396語中、名詞324語（81.8%）

付録2 専門用語辞書・専門用語集

以下に専門用語辞書や専門用語集の実例を示す。

定義が非常に簡便なもの、英語以外の外国語訳を出しているもの、〔音〕（音声学）などの略語によって下位分野を示すもの、執筆者を明示しているものなど、それぞれに特色があることがわかる。

食道癌［しょくどうがん］
　英 carcinoma of the esophagus
　独 Osophaguskrebs
　仏 cance a [de] l'oesophagus
　食道 esophagus に存在する癌腫で、大部分が原発性で転移性の食道癌はきわめてまれである。わが国では病理組織型は……
　　　　　　　　　　　　（『南山堂医学大辞典第19版』(2006) 南山堂）

レッグ・カール [leg curl]【ウ】
　大腿屈筋群（ハムストリングス）の強化トレーニングに最適なエクササイズです。レッグ・カール・マシンにうつ伏せになって……
　　　　　　　　　　　　（『トレーニング用語辞典』(1990) 森永製菓）

ネフロイド層
　nepheloid layer
　海底直上の懸濁粒子を多量に含んだ層のこと
　　　　　　　　　　　　（『国際環境科学用語集』(1995) 日刊工業新聞社）

gliding sound〔音〕（わたり音）
　調音において音声器官が一定の位置を保つか、一定の運動を繰り返すこ

となく、ある方向へ向かって絶えず移動している音をいう。単にわたり (glide) ともいう。……

(『新英語学辞典』(1982) 研究社)

心の理論 theory of mind

心の理論とは、いろいろな心的状態を区別したり、心の働きや性質を理解する知識や認知的枠組みをいう。1980年代以降、発達心理学の重要なトピックの一つとなり、……

→素朴概念；認知発達《Astington, J.W. et al. 1988; Frye, D. & Moore, C. 1991; Perner, J. 1991; Whiten, A. 1991》

◆木下孝司

(『心理学辞典』(1999) 有斐閣)

其時𥯤(紙)に包、其上を布を三重計(ばかり)に重て包て、口を能々留(よくよくとめ)、板の上に置、足にていかにも堅成候様(かたくなり候よう)にふミかため、さて其後、こまかにきざミ申候也、

一 薬こしらへ候座敷へ、少も火を不可入(いれるべからず)候、火入候へ者、忽(たちまち)あやまち可有出来(しゅったいあるべく)候、薬に火を付て見候時も、近辺に薬無之様(なきのよう)可有分別(ふんべつあるべく)、薬と火の間二三間候とも付可申(もうすべく)候、不可有油断(油断あるべからず)候、

一 右条々、手間入候様に候はンずれども、薬に馴候へ者(馴染み候へば)一向(いっこう)手間不入事(手間いらざること)候、五斤とも六斤とも可有調合(調合あるべき)時ハ、右薬の分両(分量)合かさね候て、ひとつに薬研にて荒おろしし候て、薬うす(臼)のやうなる石のうすにてつきあハせ、是又細になり候ハゞ、竹の筒へつきこミ、能(よく)かたまり候ハゞ、筒をわり、其薬をきざミ候べく候、大方此分、猶(なお)口伝籾井に申含(もうしふくみ)候也、

以上

永禄弐年六月廿九日

一 ふかさ二尺あまりに土をほり、其中にわらを五寸計（ばかり）に切、下に敷（しき）候、其上にはい乃木（灰の木）をつミ、下より火を付、灰の木よくもえあがり候時、せう（小）にならざるやうに、しげ〴〵とわらを木の上へかけ、能やけ候へ者（よく焼け候えば）、下より煙あがらざる物にて候、左様に煙あがり候ハずば桶をつむけてふたにし候て、むしけしにし候也、

一 炭けし候て後、其炭を湯にておもふほど煎申（煎じ申し）候、其後取あげ、能あふり（よく煽り）、能干申（よく干し申し）候ハゞ、其時調合候也、是ハ薬一段としつしたる時の拵様（こしらえよう）にて候、惣別ハか様にし候ハネども不苦（くるしからず）候、

一 ゑんせう（焔硝）煎（せんじ）様之事、一斤に水常の天目九はい入、其水のおほさ（多さ）の分木を取候て、三分一を煎へらし（煎じ減らし）候て、圓さ（まるさ）一尺の桶に入、いせ候て置候、其日は中を一切見候まじく候、翌日見候て、下しる（汁）を別の桶へあけ候て、下にゐつき候ゑんせう（焔硝）、一日ほど日によく干、さてへらにておとし、又日に能干に候也、又其下しる（汁）候ハゞ、煎へり候時、天目に水一ぱい入候て、湯玉のたつほど又煎（せんじ）候て、如右（みぎのごとき）桶にひやし申候、三番目右同前、

一 いわう（硫黄）あかく黄色なるを用申候、青色なるハ悪候、白砂などまじり候ハゞ、それをばよく小刀にてこそげ落、調合可然（しかるべく）候、いわう（硫黄）色さへ能（よく）候へバあハ〳〵（あわあわ）とくだけ候も不苦（くるしからず）候、堅（かたき）ハ猶以（なおもって）可然（しかるべく）候、

一 楽研（薬研）にておろし、灰たち候ハゞ、薬しめり候ハぬ程に、ちやせん（茶筅）にて水をうち候て、おろし候也、いわう（硫黄）見え候ハずバ、薬を板の上に少置（すこしおき）、火を付候て、たちて後、跡にいづれも残候ハずバ、

付録3 鉄放薬方並調合次第

＊以下の本文では読みやすさの便宜を図って、一部、旧字体を常用漢字や現代仮名遣いに変更している。また、読み方がわかりにくいと思われる箇所や原文の誤りと思われる箇所は（　）の中に入れて示している。

一　ゑんせう（焰硝）　二両二分

一　すみ（炭）　一分二朱

一　いわう（硫黄）　一分

又

一　ゑんせう（焰硝）　一両二分

一　すみ（炭）　一分

一　いわう（硫黄）　三朱

いづれも上々

一　はい乃木（灰の木）、河原楸（ひさぎ）者（または）勝木（ぬるで）可然（しかるべく）候、あまりに枯過たるハ悪、四十日五十日程ハ可然（しかるべく）候、それより久なり候ヘバ、抜（枝）口をとり申候也、

一　老木ハ悪候、但（ただし）若立にて候ヘバ、老木のも不苦（くるしからず）候、

一　灰の木を一尺計（ばかり）にきり、皮をよくけづり、中のす（鬆）を能取（よく取り）候て、日に干（ほし）候、夏ハ

付録4 言語学とコミュニケーション関連の文献

言語学一般

加藤重広『ことばの科学』ひつじ書房 (2007)
　言語学の周辺領域の入門書。ほとんど専門用語を使わず、言語の起源、言語獲得、方言、言語史、敬語など、かなり広い範囲をカバーしている。ただし、語彙や文法といった言語学の中心領域にはほとんど触れていない。

神尾昭雄『続・情報のなわ張り理論』大修館書店 (2002)
　前著の守備範囲を広げ、理論的にもさらに精緻になった。前著を知らなくてもこの続編だけで完結しているし、理論的研究書であるにも関わらず、例文を使った説明が分かりやすくて読みやすい。終助詞だけでなく、呼称、敬語、代名詞、名詞、動詞など、かなりの文法項目を「情報のなわ張り」から説明しようとしており、納得できるところも多い。言語研究者必読。

フロリアン・クルマス『ことばの経済学』大修館書店 (1993)
　(Florian Coulmas. *Die Wirtschaft mit der Sprache*. 1992. 諏訪功・菊池雅子・大谷弘道 訳)
　言語が経済にどのように関わるかという点を導入とし、逆に経済が言語にどのように影響するか、また、言語自身の経済性についても広範に論じる。言語の様々な様相に経済とのからみで言及するので、言語学の総論的おさらいにもなる。

小泉保『日本語教師のための言語学入門』大修館書店 (1993)
　日本語を材料として網羅的かつ平易に書いてある。各章に練習問題もついているので教科書として作られているようだが、その練習問題の解答に解説がないのは難。また、著者の専門である語用論の比重が大きい。

鈴木孝夫『ことばと文化』岩波新書 (1973)
　言語人類学についての入門書であり、古典的名著。言語に特別の関心がなくとも非常に面白く読める。著者は、一般向けの言語関連の書物を多く出しているが、その中でも恐らくもっとも有名。

田中春美・田中幸子 編『社会言語学への招待』ミネルヴァ書房 (1996)
　初学者向けに書かれた教科書。8人の著者が、前半は言語差の要因、後半は言語と文化について、わかりやすく例を出しながら解説。各章の終わりには練習問題も付いている。

心理と言語

阿部純一・桃内佳雄・金子康朗・李光五『人間の言語情報処理　言語理解の認知科学』サイエンス社 (1994)
　人間がどのように言葉を理解しているかを、単語、文、文章のレベルに分けて、認知心理学の立場から解説。言語理解に関心を持つ人には必読書だが、一般にはちょっと敷居が高い。

大津由紀雄 編『認知心理学3　言語』東京大学出版会 (1995)
　言語に対する認知心理学からのアプローチを、複数の著者が異なる角度から解説。自然言語処理の章以外は特に難しいということはない。内容的には固いが、各章が適度な長さなので、読んでいてしんどいということはない。

酒井邦嘉『言語の脳科学』中公新書 (2002)
　言語と脳に関して、普遍文法、言語習得、手話、第二言語習得、失語症、自然言語処理など、さまざまな側面について、平易ながらも突っ込んで解説する。新書ながら、参考文献なども掲載し、読んでいて理論的に安心感がある。また、対立する仮説に対しては、根拠を示して、著者自身の立場も明

確にしている。心理言語学が専門でなくとも、言語関係者必読。著者のバックグラウンドは物理学と医学。

本多啓『アフォーダンスの認知意味論　生態心理学から見た文法現象』東京大学出版会 (2005)

　「アフォーダンス」とは、「事物が人間に行為を起こさせやすいかどうかの度合い」とでも定義することができ、ユーザーインターフェイスの研究などにおいても重要な概念である。そのアフォーダンスを言語的に表現した文例を取り上げ、それぞれの文法現象を認知言語学の観点から説明する。言語理解、日英対照表現など、いくつかの視点から読むことができる。言語学の知識がないと少ししんどいかもしれないが、認知科学で一括りにされてきた認知心理学と認知言語学の橋渡しをしている点で、興味深い。

日本語

池上彰『日本語の「大疑問」』講談社＋α新書 (2000)

　日本語における誤解、誤用、乱れ、日本語の特質、歴史、音声、敬語など、幅広いトピックを客観的な視点で軽く綴るエッセイ。著者は NHK の有名アナウンサー。

石綿敏雄『日本語のなかの外国語』岩波新書 (1985)

　外来語がどう使われているか、どう思われているかというマクロな視点から始まり、外来語の構造などミクロな観点に入って、外来語論の交通整理をしている。コンパクトだが包括的な外来語論として楽しめる。コンピュータ用語が氾濫する前に書かれているので、続編を出して欲しいところ。

井上史雄『日本語の値段』大修館書店 (2000)

　前半は各国語の市場価値を論じ、外国語と比べた場合の日本語の位置づけを探る。後半は、方言学の紹介の後、方言の経済的価値に言及。「経済言語

学」と呼べる分野はまだ日本ではあまり聞かないが、その導火線となりえるか興味が持たれる。著者は社会言語学の大御所。

大野晋『日本語練習帳』岩波新書 (1999)
　2000年あたりからの日本語ブーム再来のきっかけの一つになった本。書名の示すとおり、問題集の形を取っている箇所もあるが、通読しても勉強になる。内容的には、文法、ライティング、敬語。文法に関しては、初歩的すぎる感もあり。

北原保雄 編『問題な日本語』大修館書店 (2004)
　日本語ブームに乗ったためか爆発的に売れた。言語の規範と記述という問題を根底に漂わせながらも、平易に書かれていて、読みやすい。編者は、話題になった『明鏡国語辞典』の編者。ところどころに挟まれている漫画もなかなか面白く、もう少し捻りがあっても良いかもと思うのは贅沢なのかもしれない。

斎藤美奈子『文章読本さん江』筑摩書房 (2002)
　明治以来の数十冊に上る文章読本をメッタ切りする。文章読本史および作文教育史にもなっている。軽快な語り口で楽しく読めるが、この本を読んだ後、文章読本を書くにはよほどの勇気が必要だろう。文章読本が教える「どうすればわかりやすくなるか」の部分には踏み込んでいない。

野田尚史『「は」と「が」』くろしお出版 (1996)
　日本語学の中でも最もポピュラーと言える「は」と「が」の問題を正面から扱い、様々な角度から総括的に解説。分析の細かさに若干疲れるが、言語を学ぶなら手元に置いて損はない。

西尾秀和『差別表現の検証　マスメディアの現場から』講談社(2001)
　　差別的であるか否か迷うような表現に関して、マスメディアへのアンケートやシンポジウム、自身の編集者としての体験などから、論じる。硬直した議論ではなく柔軟な姿勢を持っている点や実例が多用に紹介されている点など、一読に値する。

辞書と専門用語

石山茂利夫『今様こくご辞書』読売新聞社(1998)
　　誤用でありながら一般に広まってしまった言葉を、19冊の国語辞典を中心に検証しながら、その誤用の背景を探る。各辞書の編者へのインタビューや、過去の和英辞典の記述なども参考に、かなり突っ込んだ内容になっているが、難しくはなく楽しく読める。筆者は元新聞記者。

岡谷大・尾関周二『ターミノロジー学の理論と応用―情報学・工学・図書館学』東京大学出版会(2003)
　　ターミノロジーとは端的には専門用語のこと。専門用語論の概説書だが、先行研究と海外の組織の紹介が中心であり、その内容についても具体的な用語を例示しての説明が少ないため、抽象的でわかりにくい。より内容のある概説書の出版が待たれる。

金武伸弥『『広辞苑』は信頼できるか　国語辞典100項目チェックランキング』講談社(2000)
　　『広辞苑』評ではなく、国語辞典全般に対するチェック項目とそのチェック項目に従っての20種類の国語辞典の評価。なかなか客観的で面白いのに、書名で損をしているかもしれない。著者は元新聞記者。

国広哲弥『理想の国語辞典』大修館書店(1997)
　　辞書学の実践的側面よりは、辞書の記述を念頭においた日本語の意味論と

言ってよいかもしれない。かなりの数の語の意味を具体的に検討し、巻末には辞典記述見本も載せていて説得力がある。

国立国語研究所『専門語の諸問題』秀英出版 (1981)
　日本で数少ない専門用語だけに問題を絞った書籍。フィールド調査や文献調査を基礎に定量的分析を行なっている。面白味には欠けるかもしれないが、データ量が豊富で信頼感がある。さすが国研というところか。ただ、既に古くなってきているし、コンピュータ用語についての問題は扱っていないので、新たな研究を出して欲しい。

コミュニケーション

海保博之編『わかりやすさとコミュニケーションの心理学』朝倉書店 (2010)
　言語と非言語の両方のコミュニケーションのわかりやすさについて、実験結果等に基づき、わかりやすさのストラテジーを紹介する論文8本を収録。編者のみならず著者の中にもTC研究者が複数参加しており、TC関係者にとっては必携の1冊。

杉江弘『機長が語るヒューマン・エラーの真実』ソフトバンク新書 (2006)
　実際に起きた航空機事故の原因について、現役のベテラン機長が、機器のインターフェイス、管制塔も含めたスタッフのコミュニケーション、パイロットの心理、企業や業界の体質などの観点から分析する。航空機事故の多くが広い意味でのコミュニケーションの問題に起因している点は、コミュニケーション学の観点からも興味深い。

野沢和弘『わかりやすさの本質』生活人新書 (2006)
　知的障害者が自分たちで作っている「ステージ」という新聞への編集協力を通して得た経験談が中心。「わかりやすさの技法」という章があるが、知的障害者向けであっても、一般向けのわかりやすさと比べてさほど目新し

いものはない。「わかりやすさの本質」というよりは、知的障害者の現状と彼らとのコミュニケーションという点で参考になる。一般の新聞記事が実はどれだけわかりにくいものであるかを実感させている点は面白い。

原田悦子『人の視点からみた人工物研究　対話における「使いやすさ」とは』共立出版 (1997)
　使いやすさとは何かから始まり、メディアコミュニケーションを軸として、広義の「使いやすさ」についての議論を展開する。実験データは他の文献等からの孫引きはなく、著者自身の手によるものであり説得力がある。書名からユーザーインターフェイスの突っ込んだ研究を期待すると、ちょっと外れる。

北海道大学科学技術コミュニケーター養成ユニット 編著『はじめよう！　科学技術コミュニケーション』ナカニシヤ出版 (2008)
　北大にある名称どおりの教育組織による概説書。科学技術コミュニケーションの現状、課題、ツールについて、12人の著者が15章にわたって解説。TCと重なる部分もあるが、これまでにはない見方が紹介されている。「わかりやすい科学技術文の書き方」というようなアプローチをしていない点も却って好感が持てる。

索引

アルファベット

A
audience analysis················42-44, 173

S
STC···························17-18, 184, 189

T
TC協会······18-19, 117, 157, 159-160, 165, 184, 192
TCシンポ（TCシンポジウム）······19-20, 43, 48, 96, 104, 117-118, 184-186
TCの定義···············15, 18, 20, 34, 156

U
UI·········95-101, 103-106, 118, 127-129, 190

五十音

あ
暗黙知·····························64, 85-86, 171

い
医心方·································175, 183
一任可能性······················100, 102-103
一般語······115-116, 118-126, 128-129, 137, 139, 142
一般用語·································116, 131

意図···········22-27, 32-34, 38, 54, 69, 71-72, 84, 88, 108, 158, 173, 178, 193
意味論·································69, 71
医療······················17-18, 20, 117, 174, 179

え
営業········65, 96, 108-109, 150, 163, 166, 189
英文ライティング·················66, 110, 186

お
音韻論······································68
音声······17, 21, 34-35, 68, 84, 96-97, 101, 105, 156-158, 193
音声学······································68
音声認識·································101-102

か
概念メタファー·························81-84
拡張性·································100-103
カタカナ語···············123-124, 133, 139, 163
感情的側面··························96-99, 105
感情伝達·······················25, 27, 30, 32-35

き
機械翻訳···································176
技術者······91, 99, 104-108, 127-128, 149, 152, 159, 181, 183, 185-186, 191
記述主義·································76-77
技術的側面·······························96-97
機能語···································70, 73
規範主義·································76-77
教育訓練······147-148, 150-152, 158-159, 165-166

く
クオリア························64, 85-86, 108
クライアント·············65-67, 73, 83, 139, 164
グラフィック······16-17, 21, 28, 34-35, 37, 63, 84, 86, 105, 156-158, 171-173, 177-178, 180, 184, 193

け

言語学 …… 28, 67, 69, 72-73, 76-77, 81-82, 103, 137, 140, 164
言語処理 …… 103, 117, 132, 157, 185, 187-188
言語チャンネル …… 24, 26-28, 32-33, 35

こ

交感性 …… 25, 27, 50
コーパス …… 78, 119, 121-123
国語辞典 …… 15, 119-120, 123-124
コミュニケーション学 …… 192
コミュニケーション素性 …… 26, 30, 34-36
語用論 …… 71-72
コンテンツ …… 184-185, 188-189, 191-192

さ

策定 …… 96, 115-116, 120, 125, 127-128, 132-134, 140-141
産業翻訳 …… 21, 34, 156, 163

し

示差性 …… 126, 130-132
辞書学 …… 137-138
社会の認知度 …… 94, 161, 181, 194
社会的必要性 …… 37, 51, 150, 153, 155-156, 163, 165, 181
社会的評価 …… 148-152, 161-162, 165
修辞学 …… 16-17, 21, 34, 156
種概念 …… 134-136
授業 …… 15-16, 27, 32, 37, 49, 52-53, 76, 181, 192-194
種差 …… 124, 134-135
受信者特定 …… 26, 28, 32, 35
受信者分析 …… 42, 44, 51, 53, 55, 62, 65, 89, 98, 110, 173-174, 189-190
仕様（仕様書）…… 65-66, 93-94, 108, 152, 157
聖徳太子 …… 173, 177, 183
商品企画 …… 89, 91, 108

職人 …… 171, 182
助詞 …… 70, 73-74, 76
人工知能 …… 99, 101-103, 105-106
心理学 …… 19, 69, 106, 124, 126

せ

正書法 …… 68
製造物責任法 …… 90
専門家 …… 15, 18-19, 126-127, 131, 137-138, 140, 146-150, 152-153, 158-159, 165-166, 180, 182-184, 188-189
専門家性 …… 148
専門家の条件 …… 146, 148, 153, 165
専門用語 …… 55, 91, 115-126, 128-130, 134, 138-142, 146, 157, 175

そ

操作的側面 …… 96-97, 98-99, 105-106
雑兵物語 …… 178-179
双方向 …… 25-26, 28-29, 32-36

た

短期記憶 …… 55
談話分析 …… 72-73

ち

知識と技能 …… 148-151, 156, 158

つ

ツール …… 20, 96, 157-158, 183-185, 188, 192

て

定義 …… 15, 17, 18, 20-22, 25, 28-29, 34-35, 47, 77, 81, 84, 115-116, 119, 133-136, 138, 146-147, 156-158, 193
テキスト …… 17, 21, 34-35, 78, 84, 101, 156-158, 171-173, 178,

180, 186, 193
テクニカルコミュニケーション
　学術研究会⋯⋯⋯⋯⋯⋯⋯⋯ 167
テクニカルコミュニケーター⋯⋯⋯ 18-19,
　48, 64-67, 73, 86, 88-96, 99,
　106, 118-119, 123, 137, 141, 146,
　148, 153, 155-162, 164-166, 168,
　182-185, 189-193
テクニカルコミュニケーター協会⋯⋯ 18,
　64, 182
デザイナー⋯⋯⋯⋯ 19, 32, 92, 99, 104-107,
　168, 183-184
鉄砲⋯⋯⋯⋯⋯⋯⋯⋯⋯⋯⋯⋯ 176-178, 183

と
統語論⋯⋯⋯⋯⋯⋯⋯⋯⋯⋯⋯⋯⋯⋯ 70
東大寺諷誦文稿⋯⋯⋯⋯⋯⋯⋯⋯⋯ 174
読者分析⋯⋯⋯⋯⋯⋯⋯⋯⋯⋯⋯⋯ 44
取扱説明書⋯⋯⋯⋯⋯ 20-21, 34-37, 46, 48,
　50-51, 59, 62, 66, 82, 88, 106,
　110-111, 117-118, 122, 156, 161,
　164, 183

な
内容既知⋯⋯⋯⋯⋯⋯⋯⋯ 26, 29, 32, 35

に
日常語⋯⋯⋯⋯⋯⋯⋯⋯⋯⋯⋯ 116, 128
認知科学⋯⋯⋯⋯⋯ 19-20, 55, 81, 85, 192
認知性⋯⋯⋯⋯⋯⋯⋯⋯⋯ 126, 128, 133
認知能力⋯⋯⋯⋯⋯⋯⋯⋯⋯⋯⋯ 41-42

は
発信者⋯⋯⋯ 24-25, 28-29, 32-34, 36, 38-39,
　44, 49-50

ひ
非言語チャンネル⋯⋯⋯⋯ 26, 28, 30, 32-33,
　35
非文⋯⋯⋯⋯⋯⋯⋯⋯⋯⋯⋯⋯ 77-78, 80

比喩⋯⋯⋯⋯⋯⋯⋯⋯ 55, 64, 81-83, 133-134
ヒューマンインターフェイス⋯⋯⋯⋯ 95
表意性⋯⋯⋯⋯⋯⋯⋯⋯⋯⋯⋯ 126, 130
表記⋯⋯⋯ 19-20, 68, 117-118, 121, 123, 127,
　160, 177, 186

ふ
複合語⋯⋯⋯⋯ 123-124, 129, 131, 133, 140
ブラックボックス⋯⋯⋯⋯⋯⋯ 103, 188-189
プレゼンテーション⋯⋯ 29-30, 37, 42, 49,
　109, 173-174
文法⋯⋯⋯⋯ 70-73, 77-79, 91, 101-102, 112,
　122-123, 131, 157-158, 160, 164,
　187

ほ
砲術秘伝書⋯⋯⋯⋯⋯⋯⋯⋯⋯ 178, 183
法的資格⋯⋯⋯ 148, 151-152, 158-159, 165
母語⋯⋯⋯⋯⋯⋯⋯⋯⋯⋯⋯ 72, 132, 186
本草和名⋯⋯⋯⋯⋯⋯⋯⋯⋯ 175-176, 183
翻訳⋯⋯⋯⋯ 15, 18, 20, 34, 66, 101, 110-112,
　115-116, 137-139, 141, 162-164,
　176, 182, 185
翻訳者⋯⋯⋯⋯⋯ 19, 112, 137-139, 141, 189
翻訳ソフト⋯⋯⋯⋯⋯⋯ 69-70, 101, 103, 164

ま
マニュアル⋯⋯ 18, 20-21, 34, 43, 48, 71-72,
　88-97, 104-105, 107, 109, 115, 117,
　119, 122, 126-127, 137, 155-157,
　162-163, 167, 173, 176-178, 180,
　186, 189, 191
マンマシンインターフェイス⋯⋯⋯⋯ 95

み
未来⋯⋯⋯⋯⋯⋯⋯⋯⋯ 170, 183-184, 192

む
無意識⋯⋯⋯ 23, 26, 38, 41, 54, 73, 75, 83-84,
　105

め

メーカー ……… 17, 41, 51–52, 65, 88–94, 96, 99, 106, 108, 111, 127, 132, 152, 160, 162–163, 166, 185

ゆ

ユーザーインターフェイス ……… 20–21, 34, 88, 95–96, 118, 126–127
ユーザー分析 ……………………… 43–44, 189
ユーザビリティ ………………… 16, 19, 127, 183
融通性 ………………………………… 100–102

よ

用語学 …………………… 115–119, 123, 138
用語集 ……… 115, 118–119, 121, 124, 130, 137–139, 141

ら

落語（落語家）………………………… 50, 52–53

る

類概念 ………………………… 124, 134–136

れ

歴史 ……… 17, 33, 45, 89, 116–117, 170–172, 176, 178–183

ろ

ローカライゼーション ………………… 19

わ

ワーキングメモリー ………………………… 55
和算 ……………………………………… 182

森口　稔（もりぐち・みのる）
1958年、大阪生まれ。北海道大学卒。高校英語教師、英文雑誌記者、機械翻訳開発担当、テクニカルライター、実務翻訳者、大学教員などを経験。大手メーカー在職中に米国でTCの修士号を取得。現在は、大学非常勤講師として英語や日本語を教えながら、実務翻訳・テクニカルライティング・辞書執筆などに携わる。日本コミュニケーション学会・理事、テクニカルコミュニケーター協会・評議員、テクニカルライターの会・企画運営委員。

テクニカルコミュニケーションへの招待
情報・知識をわかりやすく伝えるために

2013年9月1日　第1刷発行

著　者　　森口　稔（もりぐち・みのる）
発行者　　株式会社 三省堂　　代表者　北口克彦
印刷者　　三省堂印刷株式会社
発行所　　株式会社 三省堂
　　　　　〒101-8371　東京都千代田区三崎町二丁目22番14号
　　　　　　　　　　　　　　電話　編集 (03) 3230-9411
　　　　　　　　　　　　　　　　　営業 (03) 3230-9412
　　　　　　　　　　　　　　振替口座　00160-5-54300
　　　　　　　　　　　　　　　https://www.sanseido.co.jp/

© M. Moriguchi 2013　　　　　　　　　　　Printed in Japan

〈テクニカルコミュニケーション・216pp.〉
落丁本・乱丁本はお取替いたします
ISBN978-4-385-36602-9

Ⓡ 本書を無断で複写複製することは、著作権法上の例外を除き、禁じられています。本書をコピーされる場合は、事前に日本複製権センター (03-3401-2382) の許諾を受けてください。また、本書を請負業者等の第三者に依頼してスキャン等によってデジタル化することは、たとえ個人や家庭内での利用であっても一切認められておりません。